A VÁLTOZÁS TESTE

HASZNÁLD TESTEDET ÖNMAGAD GYÓGYÍTÁSÁRA,
MEGSZERETÉSÉRE ÉS MEGERŐSÍTÉSÉRE

DR. LISA COONEY

BLURBS

Beszámolók

„Dr Lisa rendkívüli tehetséggel rendelkezik. Érzelmi és energetikai szinten kapcsolódik hozzád, ott, ahol vagy. Az első találkozásunk után az életem egy része szétesett. Ez része volt annak a folyamatnak, hogy újra egyensúlyba kerüljek, és átalakuljak önmagam továbbfejlesztett változatává. Elkísér a kihívásokkal való szembenézéshez szükséges eszközök felfedezéséhez. Végtelenül hálás vagyok, hogy mellettem lehet, olyan dolgokért, amelyek megmagyarázhatók, és amelyek nem. » – Zac Brown, a Zac Brown Band alapítója és vezérigazgatója

„A Dr. Lisa Cooneyval folytatott katartikus ülés után mélyreható és kézzelfogható változást éreztem a testemben. Remélem, ez a könyv sok olyan embernek segít, aki elszakadt a kapcsolattól, hogy visszataláljanak önmagukhoz. » – Gwyneth Paltrow, a goop alapítója és vezérigazgatója

„Dr. Lisa megváltoztatta azt, ahogyan az érzelmeimhez viszonyulok, és kontextualizálom tapasztalataimat. Egy döntő átalakulás idején lépett be az életembe, és munkánk jelentős pozitív hatással volt a házasságomra, a családomra és az anyaságomra. A személyes fejlődés szenvedélyes kutatójaként megtaláltam benne a tudomány és a spiritualitás tökéletes szintézisét. Szeretettel ajánlom sok barátomnak és szerettemnek, életszakasztól függetlenül. » – Caroline Jones, több műfajú énekes, dalszerző és zenész

„Lehet, hogy túl nagy álmot álmodtam, de mindannyiunknak nagy célokra van szüksége, különben mi értelme? Mindenkinek arra kell törekednie, hogy ne hétköznapi életet éljen."

— ANNE MCKEVITT

Vagy ahogyan édesapám mondta, Mindent vagy semmit!

DEDIKÁCIÓ

Ez a könyv a testnek szól. Az önzetlen lénynek, amely utolsó leheletünkig elkísér. Minden testnek, amit figyelmen kívül hagyunk, és minden testnek, amit elfelejtünk. Áradjanak szét e szavak és hozzák egyensúlyba a csodálatos kapcsolatot közted és a tested között, elevenítsék fel az ajándékot.

Mi amor, a szeretet, amit mindennap megosztasz és adsz, mindent lehetővé tesz. A szerelmem irántad para siempre! Testünk az imádott, ápolt, dédelgetett és tisztelt szerelem szimfóniájára táncol. Hogy lehettem ilyen szerencsés?

ELŐSZÓ

Emlékszem, amikor először olvastam Dr. Lisa Cooney-ról egy GOOP hírlevélben. Gwyneth Paltrow nemrég egy ZOOM hívást tartott Dr. Conney-vel egy barátja ajánlására. Szkeptikusan álltam hozzá, kíváncsi voltam, hogyan működhet ez az interneten keresztül. Semmiről sem volt különösebben mély és alapvető meggyőződésem, de intuitív módon úgy éreztem, hogy a személyes jelenlétnek a folyamat részét kell képeznie. Gwyneth beleegyezett, és kimért szkepticizmussal nyilatkozott, csak annyit mondott, hogy átformáló tapasztalatai voltak. Hetekig gondolkodtam az élményein.

Nem sokkal később a kutyámnál tüdőrákot diagnosztizáltak és három hónapot adtak neki. Nyolc hónapos kora óta nevelem a kutyámat és mindig azzal viccelődte, hogy ő a kutyaváltozatom, mint a lányom, aki soha nem volt. Tekintettel arra, hogy a betegség milyen súlyos az orvosok nem adtak túl sok reményta kemoterápiának, de azt mondták, hogy mindenesetre megpróbálhatjuk. Szeszélyességből felkerestem Dr. Cooney-t, hogy segítsen átvészelni a gyászomat.

Hívásunk alatt arra kért, hogy a férjemmel együtt üljünk a kutyánkkal. Ránk nézett, és soha nem felejtem el, amit mondott: „Nem állsz készen az indulásra, ugye?" Folytattuk az beszélgetést amely során már alig emlékszem, mit mondott; olyan gyorsan kántált és beszélt. Két év telt el, és a kutyám vígan él. Az orvosok nem tudják megmagyarázni, hogyan tűnt el a rákja. Azt mondják, soha egyetlen esetükben nem láttak ehhez hasonlót.

Nemrég édesanyám is nagyon beteg volt, és lélegeztetőgépen volt az intenzív osztályon. Az orvosok felkészítettek a legrosszabbra, mivel az állapota gyorsan romlott. Azt hittem, soha többé nem tudok majd beszélni az anyukámmal, ezért még egyszer felkerestem Dr. Cooney-t. Útmutatást adott, hogyan legyek jelen a kórházban, és ismét elvégezte a gyógyítást messziről. Másnap anyukám állapota javulni kezdett. Jövő héten meglátogatom anyukámat születésnapja alkalmából. Tegnap este beszéltünk telefonon, és nevetett a gyerekeim kalandjain.

Minden esetben az orvosok ámultak a csodás felépülésen. Szkeptikusan állok hozzá azokhoz a dolgokhoz és elképzelésekhez, amiket nem lehet logikusan megmagyarázni és felfogni. De ebben az univerzumban élő lényként mélyen a szivemben elhiszem, hogy vannak dolgok, amiket nem lehet megmagyarázni sem megérteni. Véletlen lenne? Sose fogom megtudni. Soha nem fogom teljesen fogom megérteni Dr. Cooney képességeit és hogyan működnek, de bámulatos számomra az, amit tapasztaltam és amilyen kihatással volt az életemre. Köszönöm.

Laura Lane, író és újságíró

UTAZÁS A LEHETŐSÉG FELÉ

Nem éreztem jól magam. A számítógéphez léptem, lehunytam a szemem és azt mondtam: "Testem, beszélj hozzám." A következő pillanatban könnyek csordultak az arcomon és a képernyőn kirajzolódó feliratra meredt a szemem: "Folyamatosan gyilkolsz".

Azon a napon, a játék – az *én* játékom – megváltozott. Ez volt a kezdete egy másfajta kapcsolatnak a testemmel, ami nem csak fizikailag változtatta meg a testemet, hanem az eddig ismert életemet is. Nem mintha könnyű lett volna. A személyes munka sosem az. De a legnehezebb része az volt, hogy megváltoztattam a kapcsolataimat - *mindennel.*

Azzal kezdtem, hogy eldöntöttem megkeresem, *mi* az, ami "gyilkolt", melyik részemet és miért. Elkezdtem használni az összes eszközt és technikát, ami rendelkezésemre állt és amit a pályafutásom során megszereztem. Végül rájöttem, hogy van egy adottságom a mélyen transzformáló folyamatokhoz, valamint a felfedezéshez és a változtatáshoz kifejlesztett eszközökhöz, ami úgynevezett ROAR módszer®. **R**adikális **O**rgazmikus **É**lő **V**alóságban élni azt jelenti, hogy a lehetőséget választjuk a probléma, egy cselekvés vagy meggyőződés helyett.

Ezen munkának eredményeként az életem mára teljesen más lett, mint amilyet valaha is gondoltam volna, hogy képes vagyok, vagy képes leszek létrehozni. A plusz fizikai súlynak álcázott érzelmi súly – plusz ötven kiló –, amit magammal cipeltem, egyszerűen elolvadt és eltávozott, ahogy a változás mellett döntöttem. Egy olyan kultúrában, amely egy-egy divatos diétára összpontosít, kiderül, hogy a korlátok és az önbizalomhiányok elengedése gyakran sokkal gyorsabban képes olyanná változtatni a tested, amilyenné szeretnéd. Ahogy a testem megváltozott, úgy változtam belülről kifelé. A régóta fennálló problémák elkezdtek feloldódni és megoldódni.

Valahányszor a test bölcsessége szemszögéből vizsgáljuk a problémákat a beszélgetések teljesen új világá tárul elénk és új utakat kínál a továbblépéshez bármihez, amire vágysz. Ez az egész könyv előfeltevése: hogyan érhetsz el magasabb célt és jobb életet azáltal, hogy önmagadhoz kapcsolódsz a testeden keresztül.

E könyv célja, segíteni felfedezni miért jó ha 1) barátságba kerülsz a testeddel, és hallgatsz rá, és ha 2) megtanulsz választani a testedből azáltal, hogy lehetővé teszed az elméd számára, hogy együttműködve kutasson vele. Mert amikor "belülről kifelé" változol meg olyankor a vágyaidnak megfelelően "kivűlről befelé" is megváltozol. Minél gyakrabban megtapasztalod, annál jobban megérted, hogy a tudatosság hiánya hogyan hoz létre fiziológiai zavart és diszharmóniát a testedben és az egész életedben. Ez a létállapot megakadályozza felismerni, hogy tested valódi célja az, hogy energetikai változást eredményezzen nem csak benned, hanem másokban is. Ez több mint a tény, hogy amit magadnak mondasz, azt a testeden keresztül a világnak mutatod. Ez persze igaz. De én másként szeretnék a testről beszélni és a benne rejlő lehetőségekről, mint gyógyító és empata.

Az ügyfelekkel végzett munkám során világszerte felismertem, hogy a testemben való jelenlét mélységesen hat az emberekre. Olyan hatással lehet, amit a legtöbb ember nem tud leírni. Otthon vagy iskolában nem tanítják meg nekünk, hogy létezik egy olyan univerzális tudat, amelyhez hozzáférhetünk, és amely lehetővé teszi számunkra, hogy testünket használjuk lényünk tájékoztatására. Ez a *jelenlét* – az egység állapota. Ebben az állapotban a testünk sokkal többre képes, mint amit el tudunk képzelni.

A LÉLEK LENYOMATA - AZ EGYEDI SPIRITUÁLIS ALÁÍRÁSOD

A lélek lenyomatának felszínre hozása a teljességhez, a szeretethez és az örömhöz vezető út, önmagunkban és másokkal.

— *PSARIS & LYONS*

Nagymamám volt a feltétel nélküli szeretet megtestesítője és az egyetlen üdvözítő kegyelem gyermekkoromban. Nagyon alacsony volt, katolikus, olasz, és egy kis energia bomba. Ő maga is átélt ilyen nehézségeket és fájdalmakat. A tizenhárom testvér közül ő volt a legfiatalabb csak gimnáziumi érettségivel. Édesapja rendkívül erőszakos ember volt, aki végül megölte az anyját. „Gestapónak" nevezte. De története ellenére sokat adott. Visszatekintve arra tanított, hogy bárki bármin is ment keresztül, továbbra is a feltétel nélküli szeretet megtestesítője lehet. Ő volt a legnagyobb tanítóm.

Miután gyermekkoromban jelentős szexuális, érzelmi és fizikai bántalmazást éltem át, ő volt az egyetlen olyan személy, akivel kényelmesen tudtam fizikailag érintkezni. Halála után örökséget hagyott hátra. Nagymamám befolyásolta a döntésemet, hogy másképp csináljam a dolgokat: a lehető legjobbat válasszam, hogy kedves és segítőkész legyek, bármi történjen is a világomban. Lehet, hogy abban a kedvességben kell némi erő vagy szilárdság, de csakis a szereteten keresztül annak megfelelően, amit ő tanított nekem. *Vezess a szíveddel.* Ez vezetett a testhez.

Van még valami, amit a nagymamám megtanított, ami túlmutat azon, hogyan kell feltétel nélkül szeretni – a lelkemről tanított.

A misén ültünk, az egyik kedvenc helyemen, ahol vele lehettem. Minden szót tudott és hangosan kimondott, és azon az egy napon hallottam, ahogy azt mondta: „A lélek és én meggyógyulunk."

Megdermedtem, a szívem hevesen dobogott, és abban a pillanatban tudtam, hogy a munkámnak köze lesz a szellemhez vagy a lélekhez. Lényem minden rostjával éreztem...mert a testem beszélt hozzám, és én és a testem felébredtünk!

A LELKED LENYOMATA

A lélek lenyomata a spirituális aláírásod. Ez a lelked körvonala és tartalma, a karaktered.

Ez sokkal specifikusabb, mint a kézírással felírt név a csekkre vagy levélre.

Ez még egyedibb, mint a génjeid és a kromoszómáid.

— M. GAFNI

Emberként van egy lélek lenyomatod, egy isteni szellem, amely mindig a beteljesülés magasabb útjára hív. Nem számít, milyen messzire térsz le erről az útról, vagy mennyire leszel beteg vagy mennyire elakadsz. A lélek lenyomatod mindig vissza fog hívni, és ehhez a testedet használja. Annak ellenére, hogy a korai bántalmazás arra késztetett, hogy kikapcsoljak és kijelentkezzem, hogy megvédjem magam gyermekkorom nagy részében, mindig volt egy másik oldalam, amely szunnyadt. A gyógyító utam különböző pontjain feltűnt, mintha arra emlékeztetne, hogy türelmesen vár az ébredésemre.

Sok olyan ember, akivel együtt dolgozom, akik legyőzték a bántalmazást, gyakran a gyógyulásuk helyéről tudják elismerni, hogy mindig is tudatában voltak egy részüknek, amely nem fejezte ki magát, egy másik oldalról, amelyet valahogyan az igazságukként ismertek végig. Manapság következetesebben működöm erről a helyről. Talán neked is van hasonló tapasztalatod – a tudatosság vagy az ébrenlét pillanatai, amikor mindent a jelenlegi valóságodon túl látsz.

Ez az éned, a lélek lenyomatod teljesen egyedivé tesz. Ez a te aláírásod. És a te feladatod, az egyetlen feladatod, hogy hagyd, hogy rányomja a bélyegét. Ezt úgy teszed, hogy kiszélesíted az önmagadról alkotott korlátozott gondolkodásodat, ami azután arra szolgál, hogy megvilágítsa spirituális aláírásodat a világban. Ha hagyod, a tested segíteni fog neked ebben.

LÉLEKPSZICHOLÓGIA

"A pszichoterápiában nincs semmi, ami az ember alapvető, tökéletes mintájával kezdődne... Ez a minta ott van..."

— RAYMOND CHARLES BARKER

Szakértőként az a tapasztalatom, hogy a hagyományos pszichológia nem rendelkezik olyan eszközökkel, amelyek segítségével az egyének elnyerhetik azt a lélek-ént, amelyet keresnek. Nekem biztosan nem segített. Mindannyian a teljesség érzését keressük, akár egyedül, akár egy másik emberrel. De mi ez a megfoghatatlannak tűnő érzés? Sokféleképpen leírhatod: energia, kapcsolat, melegség, nyitottság, terjeszkedés, életerő. *Radikális elevenségnek* hívom.

Amikor elveszíted a kapcsolatot a valódi természeteddel, és a rugalmatlan szerepek, viselkedésmódok és gondolkodásmódok rabszolgáivá válsz, szenvedsz. Elidegeníted magad valódi és hiteles helyedtől. Szerencsére a személyes változás és átalakulás révén megszabadulhatsz nevelésed és korai kondicionálásod szűk és korlátozó aspektusaitól. Életed minden árnyalata, eseménye, képe és eseménye létfontosságú pszichológiai és spirituális információ forrása, és ezek az információk hozzáférhetők számodra, mert a testedben tárolódnak. Amint ráhangolódsz erre a lélekaspektusra, pontos útmutatást fog adni, amelyre szükséged van lelked fejlődéséhez és ahhoz, hogy radikálisan élj.

RADIKÁLISAN ÉLNI

Azt gondolom, hogy amit keresünk, az annak megtapasztalása, hogy élünk, hogy a tisztán fizikai síkon szerzett élettapasztalataink rezonanciát kapjanak legbelsőbb lényünkben és valóságunkban, hogy valóban érezzük az életben való lét elragadtatását.

— JOSEPH CAMPBELL

Mindannyiunkban ott van a lehetőség, hogy radikálisan éljünk. Az évek során olyan eszközöket és technikákat használtam és fejlesztettem, amelyek segítenek az embereknek ebben. Ez az, amit én úgy hívok, hogy megéled a ROAR®-odat – a Radikális Orgazmikus Élő Valóságodat. Azonban ahhoz, hogy odaérj, valószínűleg le kell adnod néhány kilót. Ha olyan vagy, mint én, akkor ez szó szerint jelenthet, de én kifejezetten a mentális és érzelmi poggyászra utalok. Akárhogy is, ez azt jelenti, hogy újra kapcsolatba lépsz a lelkeddel a tested veleszületett bölcsességén keresztül.

Ezt hogyan csinálod? Azzal kezded, hogy megérinted a benned lévő gyógyító erőt. Ahhoz, hogy az élet isteni zenéje rajtad keresztül megszólaljon, az egónak háttérbe kell szorulnia. Mindazokat a rögzült elképzeléseket és meggyőződéseket, amelyeket a fogantatásod pillanatától kezdve halmoztál fel, el kell engedni, hogy energiád összhangba kerüljön a magasabb tudattal.

Lehetetlen célnak tűnik? Ez azért van, mert egyáltalán nem cél. Egy egy *folyamat*, amely egy egyszerű koncepcióhoz vezet: belülről szeretni *magadat*, és jó barátnak lenni önmagadnak, mert valami másra vágysz. Az egód és túlélési éned mögött megbúvó valódi önmagad, amely tudat alatt belsőleg aktiválja megküzdési stratégiáidat.

A TITOK A TESTED INTELLIGENCIÁJÁBAN VAN

Tudod, amíg még mindig ugyanazok vagyunk belül, gondolataink, meggyőződéseink, viselkedési mintáink és érzelmeink szintjén, egyszerűen nem értünk el mélyebb értelemben vett átalakulást. Ahhoz, hogy egészségesek legyünk, és azok is maradjunk, igenis kell gyakorolnunk és helyesen táplálkoznunk. De gyakran a „testen túl" is dolgoznunk kell önmagunkon – megvizsgálva a testünkkel és életünkkel kapcsolatos korlátozó meggyőződéseinket.

Meg kell változtatnunk a gondolkodásmódunkat, és meg kell gyógyítanunk az érzelmi dudorokat és zúzódásokat...

— BILL PHILLIPS

Mint a kisgyerek, akinek a teste beszélt hozzá azon a napon a nagymamájával, a te tested is beszélni fog hozzád. Olyan dolgokat fog elmondani neked, amelyeket ebben a pillanatban el sem tudsz képzelni arról, hogyan gyógyulj, hogyan szeress, hogyan élj, hogyan *legyél*, mert a tested az univerzum intelligenciájához van kötve. Felmerül a kérdés, hogyan tértünk le az útról, hogyan lett az életünk ilyen bonyolult és nehéz? Ennél is fontosabb, mit tehetsz, hogy ezen változtass, hogy meghalld a tested által kínált megoldásokat, szeretetet és támogatást?

Ha megértjük a kérdésekre adott válaszokat és ha ezen információk tudatában dolgozunk, mélyreható hatással lehetnek az életre azáltal, hogy szó szerint átalakítanak minden kapcsolatot – a pénzzel és a munkával, az egészséggel és a jóléttel, a szerettekkel és a nem túl szeretett személyekkel, leginkább önmagaddal és a világgal. Bármilyen kihívásokkal és problémával küzdesz, megígérem, hogy érdemes lesz szembenézni velük. Hozzám hasonlóan te is felfedezheted, hogy „a rendetlenség a te üzeneted", és hogy a célod szorosan összefügg a teljességhez vezető utazásoddal.

TEDD FEL EZEKET A KÉRDÉSEKET:

Mi a te "rendetlenségednek" az üzenete most?

Testem, mutasd meg, mit tegyek, hogy ezt megváltoztassam?

Mi lenne a következő helyes lépés? Például...

1. Nem tudom hogyan. Felteszem a kérédst és várok a Testem válaszára.
2. Egyszerűen tudom, hogy így less.
3. Köszönöm. Kész is!

Ezután gyakorolod ezzel a mondattal: „Nem tudom, hogyan... Csak tudom, hogy így lesz. Köszönöm. Kész is!"

MI TART VISSZA?

Mi a tested története?
Mikor hoztad létre?
Boldoggá tesz ez a történet?
Igényel-e befejezést vagy új kezdetet?
Vagy új fejezetet?
Vagy egy teljesen új könyvet vagy megjelenést?

Mi tart vissza attól, hogy olyan életet alkoss, amit imádsz? Hol akadtál el? Egyszóval: magad. Te vagy az, aki blokkolja valódi tehetségedet, ajándékodat, szükségleteid és vágyaid, akár felismered ezt, akár nem. Az emberekkel történő munkám során rájöttem, hogy ami gyakran visszatart, az valamiféle elutasítás:

1. Elutasítás, hogy magadnak válassz, csak mert megteheted.
2. Az önszeretet gyakorlásának elutasítása.
3. Elutasítani magadtól a jót, amit érdemelsz – nem egy részét, nem is keveset, hanem az összes jót.

4. Elutasítani, hogy bármit választhatsz, amit akarsz, és
   semmire sem kell várni, még pénzre vagy engedélyre
   sem.

Napló gyakorlat: Írj le 10 dolgot:

1. Akarod
2. Szeretnéd
3. Boldoggá fog tenni
4. Hajlandó vagy megtenni azt, amit fentebb leírtál
5. Elutasítani, magadtól azt, amit szeretnél, nekivágni,
   és aktívan dolgozni érte.

Mindenki mindig egy varázstablettát keres: *Ha ezt megcsinálom... Ha ezt megszerzem...akkor ezt megtehetem.* De ez nem így működik. Inkább így: *Ezt szeretném. Erre vágyom. Ez fog boltoggá tenni. Hogyan tudnám ezt megteremteni?*

Mi az, ami megakadályoz abban, hogy megteremtsd és elfogadd azokat a dolgokat, amelyek boldoggá tennének? Miért utasítod el azt, amit igazán akarsz? Tudatos szinten persze nem tennéd. De tudattalanul? Ó, igen.

AZ AJÁNDÉKAID ÉS A KREATIVITÁSOD ZAVARÓ TÉNYEZŐI, AKADÁLYOZÓI ÉS ELTERELŐI

Az egyetlen dolog, ami megakadályoz bennünket abban, hogy azok legyünk, azt tegyük és azt szerezzük be, amire vágyunk, azok a tudattalan meggyőződéseink – azok az alapvető meggyőződéseink, amelyek többnyire gyermekkorban alakultak ki szülőkön vagy az őseinken vagy a kultúrán keresztül, vagy egyszerűen csak olyan interakciók és tapasztalatok a körülöttünk lévő világgal, amelyek most robotpilóta segítségével működnek. Akkoriban volt értelmük, elmondták nekünk, hogyan működik a világ. Biztonságban tartottak minket. Megmondták nekünk, hogy kik vagyunk vagy kik nem vagyunk benne. Ezek voltak a játékszabályok, amelyek lehetővé tették számunkra, hogy működjünk vagy megbirkózzunk abban a környezetben, amelyben találtuk magunkat. Ma azonban tudatalattink árnyas mélységeiben élnek, lényünk és életünk minden aspektusát átitatják, és láthatatlanok maradnak számunkra, kivéve az általuk produkált eredményeket.

Az irodámban vagy a műhelyeimen megforduló emberek többsége nem tudja, miért nem úgy működik az életük, ahogyan azt elképzelték. Miért nem képesek örömteli kapcsolatokat, vonzó és eredményes karriert vagy anyagi bőséget teremteni? Miért nem tudnak boldogok lenni? Ez azért van így, mert tudattalan meggyőződéseink vezetik a műsort a háttérben, bármennyire is elavultak. Attól, hogy nem hasznosak, még nem tűntek el.

Ezért jár küzdelemmel a dolgok megváltoztatása, mert szembetalálkozunk ezekkel a rejtett meggyőződésekkel. Olyan meggyőződésekkel, amelyek csak viselkedésünkön, érzelmeinken és cselekedeteinken keresztül figyelhetők meg, vagy az életünkben megjelenő helyzetekben vagy körülményekben. Az emberek szenvednek, nem alkotnak, és olyan dolgokba keverednek, amelyekre valójában nincs szükségük. Ezek a meggyőződések előidézik a korlátaidat, olykor olyanokat, amelyekről nem is tudod, hogy léteznek. Akárcsak a futóhomok, lehúz és ott tart.

Felismertem, hogy a sok alapvető meggyőződés, amellyel az emberek küzdenek, egyetemes természetűek, és egy irányba mutatnak: valamilyen szinten az öngyűlölet felé.

ÖNGYŰLÖLET

Az egyetlen bűn az öngyűlölet.

— *PAUL WILLIAMS, DAS ENERGI*

Az öngyűlöletnek sok arca van: *Rossz vagyok. Tévedtem. Engem nem lehet szeretni. Nem vagyok fontos. Nem számítok.* Számtalan módon megjelenik, és önszabotázsként működik. Természetesen nem tudjuk, hogy ez önszabotázs, hisz mindig van egy álcája:

1. Halogatás
2. Másokhoz való hasonlítás
3. Harag
4. Áldozatszerep
5. Kivetítés/hibáztatás
6. Panaszkodás/kritika
7. Kifogások
8. Félelem
9. Aggodalom/szorongás

Az öngyűlölet hatással van arra, amit én „három fontos dolognak" nevezek: az egészségre, a pénzügyekre és a kapcsolatokra. Ezek azok a területek, amelyeken a legtöbb embernek időnként segítségre van szüksége, és ez a három legfontosabb ok, amiért a legtöbb ügyfelem terápiára jön. Mire megérkeznek, problémáik rendszerint javában zajlanak: rossz egészségi állapot, bénító adósság, amely fokozza a stresszt és a szorongást, illetve mérgező kapcsolatok. Ezek mind az önbüntetés formái.

Sajnos az emberek gyakran nem veszik észre, hogy a tudattalan meggyőződések, mint amilyeneket fentebb felsoroltam, korai jelei már megjelentek, részben azért, mert olyan gyakoriak és „elfogadottak".

ÍTÉLET

Az önmagunkra vagy másra irányuló gyűlölet középpontjában az „ítélet" áll – döntés arról, hogy mi a rossz (és ezért jó is). Ítélkezés során lényegében egy fix nézőponttal működsz... és minden rögzített nézőpont birtokol téged. Beszűkíti a perspektívát, és ha elveszíted a perspektívát, elveszíted az erődet. Másképp cselekszel, mint ahogyan valójában szeretnél, és akkor rosszul érzed magad emiatt, ami csak további ítélkezéshez vezet.

Ha közelebbről megvizsgálod az ítélet természetét, belátod, hogy ez a múlt és a múlthoz tartozó emberek ötvözete. Felszabadító lehet a tudat, hogy az ítélkezéssel kapcsolatos gondolatok többsége valójában nem tőled származik. Örök idők óta öröklődnek és továbbadódnak. Ebben az értelemben nem tartoznak hozzád. Mégis, minél inkább hagyod, hogy az ítélet tápláljon és bezárva tartson ebben a korlátozott valóságban, mint egy ketrecbe zárt állatot, annál inkább fenntartod a bántalmazást és az ítélkezés betegségét a testedben, az elmédben és ezen a földön.

Amikor az emberek mondanak neked valamit, függetlenül attól, hogy felismered-e vagy sem, egy ilyen tudattalan meggyőződést alkotsz magadról. Minden ilyen alkalommal, amikor valami hasonlónak tűnik, hasonló a szaga, vagy hasonló ízű, ez a tudattalan hit felébred benned, mélyen a „barlangodban", és azt mondja: „Ó, igen, ez az!" beállítódik vagy megerősödik egy új rács a barlangban. Ezúton egész életedben védekezel az ellen, hogy valaha is képes legyél kapcsolatba lépni a veleszületett gyönyörű energiáddal. Azt hiszed, valami nincs rendben veled. Mindez másodpercen belül történik, a tudatos tudatosságon túl, és az egyetlen dolog, amit tudsz, hogy amikor spirituális energiagyógyító munkát végzel, nem tudsz úgy kapcsolatot létesíteni, ahogyan képes lennél, mert a tudattalan meggyőződás gátol ebben.

Ahhoz, hogy magad mögöd hagyd az ítélkezést ahhoz a saját és mások ítéletét is el kell hagyni, mert bármit is ítélsz meg másokban, az egyszerűen annak a tükörképe, amit önmagadban ítélsz meg.

A KETREC

A Philosophie német szótárában megtalálod az eigentlich

(igaz, valódi) és uneigentlich *szavakat, az igaz élet ellentéte, amelyre szántak.*

Sok ember él uneigentliches Leben (hiteles életet).

Ezekből a saját építésű ketrecekből a legnehezebb kilépni.

— *NINA GEORGE*

A ketrec hasznos metafora annak a láthatatlan szerkezetnek és önbezártságnak a leírására, amely az embereket korlátozott valóságukba zárja be. Emlékszem, egyszer egy erős gyógyítóval dolgoztam, aki azt mondta: „Ó, Istenem, a tested belső szerkezete olyan, mintha acél lenne a csípőd körül, és a csontjaid tele lennének öntöttvassal." Ez a ketrec: belső gondolatok és meggyőződések önmagadról és az életről, amelyek idővel megkeményednek és mérséklődnek, láthatatlan mércék, amelyek meghatározzák a rögzített nézőpontod határait. A ketrec bizonyos tapasztalt valóságokhoz vezet, mint például: „Ez az. Ez az, ami" ahelyett, hogy az életeted végtelen teremtésként és lehetőségként élnéd meg, ami az igazi természeted és szellemed tükrözi.

A NÉGY D: DENIAL, DEFENDING, DISCONNECTING, DISSOCIATING

Úgy vélem, hogy ez a négy D olyan megküzdési stratégia, amelyet a legtöbb ember a valóság megvitatására használ, de ezzel csak megerősítik a ketrecet, és mindent a helyére zárnak. Nézzük meg mindegyiket.

DENYING / TAGADÁS: MEGTAGADNI VALAMINEK A LÉTEZÉSÉT.

A tagadás nem feltétlenül rossz dolog. Ezt szoktam a műhelyemben is mondani, hogy rendben van. Tudunk nevetni. A nevetés értékes erőforrás ebben a mélyen személyes munkában, mert kemény dolgokról beszélünk. Valljuk be, ha traumát élsz át vagy bántalmaznak, a tagadás bizonyos szintje megkönnyíti annak átélését. A ki nem mondott tagadás azonban egyenesen a tudattalan meggyőződésbe vezet. Így jutnak el az emberek felnőttként a következők valamelyikébe vagy mindegyikébe: boldogtalan házasságok, adósságokkal teli helyzetek, sikertelen vállalkozások, beteg testek, rémálmok azért, mert nem akarnak megbirkózni a traumáikkal, és ez így megy tovább. A ki nem mondott tagadás gyakran az első belépő a ketrecbe.

Képzeld el, hogy valaki szakít veled. Érzed a szívedben vagy valahol a testedben, és azonnal azt mondod magadnak:

"Rendben, erősnek kell lennem." Ez a tagadás. Behúzod a féket.

De nem itt ér véget. Újra és újra megcsinálod, rétegeket építesz fel, amit én "test páncélozásnak" nevezek. Mindent, amit a Roar® műhelyeimben csinálunk, arra van kihangsúlyozva, hogy bomlassza ezt a páncélzatot. Képzeld el, hogy egy autót vezetsz, és hirtelen nyomnod kell a féket, mert egy szarvas felsétált az útra. Anélkül, hogy észrevennéd, visszatartod a lélegzeted. A szarvas elszaladt, és azt gondolod, *Oké... a szarvas rendben van.* De arra már nem emlékszel, hogy elfelejtettél lélegezni. Ez a pillanat veled marad annak ellenére, hogy elmúlt.

Ugyanez a helyzet a hitrendszereddel, amire nem figyelsz, mert olyan erős vagy és tovább kell működnöd. Ez a páncél. Néha, amikor megkérek valakit, hogy lélegezzen, elszédül. Nehéz érzés. Akár fuldokolni is kezdenek. Sokan nem akarunk a hasunkba lélegezni, mert ott vannak az érzelmeink, vagy a mellkasunkba, mert ott fáj a szívünk. Ez beépül az életmódunkba.

A 4 D bármelyikének kétélű minősége van. A tagadás esetén azt is tagadod, hogy az adottságaid, tehetségeid, képességeid és lehetőségeid nagyszerűségében lennél, mert ha megtagadsz valamit, ami történik, nem tagadsz meg valamit magadtól? Hol a határ? Így kezdjük el a ketrec fejlesztését. A tudatosság felkeltése és a változás folyamatának elindítása olyan egyszerű lehet, mint feltenni magadnak néhány kérdést:

1. Mit tagadok?
2. Hogyan tagadom?
3. Mit szeretek megtagadni?
4. TAGADÁS – Ne Is Tudom, Hogy Hazudok
5. Milyen pozitív dolgot tanulsz ebből a tagadásból?

6. Írj le tíz olyan dolgot, amiről tudod, hogy tagadod

Ne feledd, hogy amikor elkezded megkérdőjelezni ezeket a védekezéseket, számíts arra, hogy kényelmetlenül fogod érezni magad. Mintha olyasvalamit neveznél meg, amit még soha nem neveztek el. Ez normális. Bízz a folyamatban.

DEFENDING / VÉDEKEZÉS: ELLENÁLLNI.

A védekezéssel magadat szeretnéd megvédeni a sérülésektől vagy veszélyektől. Ez egy veleszületett mechanizmus. Ismétlem, ez nem mindig rossz dolog. Gondolj arra, amikor valaki haragszik rád. Az első reakciód a védekezés, igaz? De amikor minden a többiek hibája, vagy ha minden ellen védekezel, vagy meg kell védened magad attól, hogy valaki megjelenik és folyamatosan ellened megy, nos, akkor ez még nagyobb probléma lesz. Állandóan készenlétben vagy, hogy valami ellen harcolj. Lehet, hogy pont a nézőpontodat szeretnéd megvédeni, a magaddal kapcsolatos ítéleteidet, egy döntésedet, vagy valakit az életedben. Vagy valakit az életedben, például szülőt vagy gyermeket. Folyamatosan falakat vagy akadályokat állítasz valaki vagy valami elé – mentálisan, érzelmileg, pszichésen vagy fizikailag. Minden alkalommal, amikor valami úgy tűnik, olyan szagú vagy íze van, mintha valaki bántana. Például azért, mert a barátod tizenegykor szakított veled, és te még mindig ezzel foglalkozol, és minden szakításba magaddal viszed – védekezel az eredeti fájdalom ellen.

A másik oldala az, hogy miközben így védekezel, minden jót is megtagadsz magadtól. Csak nem veszed észre. A négy D-vel nincs kőbe vésve: „Ez jó... ez rossz. Tartsd meg a jót. Maradj távol a rossztól." Minden össze van keverve, és tőled függ. Íme néhány kérdés, amelyet fel kell tenned magadnak:

1. *Mit védek?*
2. *Kit védek?*
3. *Hogyan védekezzek valami mellett vagy ellen?*
4. *Mit ér a védekezés?*
5. *Mit szeretek a védekezésben? A harcot? A konfliktust? Az adrenalint?*
6. *Mit tanítok magamnak azzal, hogy védem?*

Ha valamit megtagadsz vagy védekezel, elveszíted a perspektívádat. Kiadod az erődet. Ha folyamatosan tehetetlennek érzed magad, valószínűleg ez az oka, még akkor is, ha úgy gondolod, hogy a külső tényezőkről van szó. Pedig nem. A külső valóság csak az, ami kopogtat a ketrecen, és azt kérdezi: „Készen állsz a változtatásra? Készen állsz felvállalni az erődet? Vagy inkább szenvedsz?"

DISCONNECTING / KIKAPCSOLÓDÁS: SZÉTVÁLASZTÁS VAGY VISSZAVONÁS.

Ha történik valami, ami nem tetszik, akkor kikapcsolódsz. Kiszorítasz dolgokat a tudatosságodból, vagy eltávolodsz a biztonság vagy kényelem megteremtése érdekében. Valahogy elszakadsz tőle. Lehet, hogy kikapcsolod a testedben megjelenő fájdalmat vagy érzéseket, eltávolodsz más emberektől, emlékektől, vagy bármitől és bárkitől, akit a bántalmazás okozójaként jelöltél ki, beleértve saját magad. Vagy esetleg elszakadsz az álmaidtól, céljaidtól vagy vágyaidtól.

A kikapcsolódás azt mondja: „Nem akarok ezzel foglalkozni", szemben a védekezéssel vagy tagadással. A védekezéssel reagálsz valakire vagy valamire. Harcolsz. A tagadással azt mondod: "Nem, ez nem történt meg."

Feltehető kérdések:

1. Azzal, hogy kikapcsolódom, arra tanítom magam, hogy...?
2. Mit nem ismerek el valódinak?
3. Kit látok másnak, mint annak, aki valójában, ahelyett, hogy szembenézzek azzal, aki valójában?
4. Mit halasztok el és tolok félre, ahelyett, hogy szembenéznék vele?
5. Mi történne, ha ebbe beletörődnék?

DISSOCIATING / DISSZOCIÁCIÓ: KIJELENTKEZNI, ELSZAKADNI VAGY SZÉTVÁLNI ATTÓL, AMIT ÉPPEN TAPASZTALSZ.

[Megjegyzés: Bár a négy D közül ez a szélsőségesebb, itt nem a többszörös személyiségzavarról, disszociatív identitászavarról vagy a borderline személyiségzavarról beszélek.]

Ha már erre a pontra jutottál, akkor az azt jelenti, hogy megszoktad a tagadást és védekezést. A többi D-hez hasonlóan ez sem feltétlenül rossz. Így élted túl az eddigi életed. A disszociáció azt jelenti, hogy gyógyulatlanul hagytad a múltad egy részét. Egy részed még mindig ott van, ami inkább a múlthoz köt, mint a jelenhez, amelyben éppen vagy. Ez egy olyan stratégia, amelyet arra használnak, hogy elkerüld valaminek az intenzitását vagy súlyosságát. Elkülönülhetsz a testedtől, az intenzív örömtől, bánattól, szomorúságtól vagy haragtól.

1. Mikor érzem azt, hogy egy fantáziavilágba csöppentem, ahol úgy érzem, mintha egy szemlélő lennék az életemben, nem pedig önmagam?
2. Milyen viselkedés bizonyítja disszociációmat? Órákig elveszni az értelmetlen televíziózásban? Elzsibbadni az alkoholtól vagy más szerektől?

3. Idegennek érzem magam egy csoportban, amikor örömmel, boldogsággal, nevetéssel vagy éppen szomorúsággal vannak elfoglalva, és úgy érzem, mintha egy filmforgatáson figyelném őket?
4. Miről döntöttél úgy, hogy lemondsz az elhatárolódásról

FELTEHETŐ KÉRDÉSEK:

A következő tizenegy napban minden nap egyszer jegyezd fel és vedd észre, amikor elkezded, folytatod vagy leállítod a disszociációt.

Mire tanít ez a cselekvés vagy viselkedés?

Milyen erényt művelsz? (Biztonság, Ellenállóképesség, Megbocsátás, Elfogadás, Kedvesség, Együttérzés Vagy Bátorság?)

Jellemzően az emberek tudtukon kívül végigpörgetik a négy D-t, és a tagadással kezdik: "Ó, ez jó érzés." De már a következő lépésben beleugranak a védekezésbe és harcba, amely során egy baráttal vagy partnerrel folytatott vita a következőképpen alakulhat:

– "Nem, rólad van szó."

– "Hadd mondjam el ezt…"

– "Valahányszor ezt csinálod…"

Ismerősen hangzik ez a fajta párbeszéd? Gyakran mondom az ügyfeleimnek, hogy vigyázzanak, mit tesznek ki. Mert ha egyszer elkezded a tagadást, még mielőtt észrevennéd átállsz a védekezésre, és onnantól vagy egyenesen a disszociációhoz lépsz, vagy válaszútra lépsz a leválasztáshoz, de az mindig disszociációval végződik. És akkor kezdődik elölről az egész. Visszatérsz a tagadáshoz, mert az biztonságosabb.

Miközben megvizsgálod ezeknek a megküzdési stratégiáknak az életedben betöltött szerepét és az ezeket tápláló tudattalan meggyőződéseket, megtanulod, hol vannak a határaid, mit tehetsz, és mi az egészséges. Felfedezed, hogy ami betegségeket, gázlángozást, boldogtalanságot, szorongást és depressziót okoz, az önmagad elhagyása a négy D stratégiáján keresztül, ami a tagadás, védekezés, kikapcsolódás és disszociáció. A ketrecbe zárás lényege, hogy ne létezz. Pontosan, hogy ne létezz! Jól olvastad.

GYAKORLATOK

1. Hajts félbe egy papírlapot, és írd le a négy D-t a papír egyik oldalára. Csukd be a szemed és a papír másik oldalán írd le azokat az eseteket, amikor mind a négy D megjelent az életedben.
2. Készíts listát azokról az emberekről, helyekről és dolgokról, amelyeket kerülsz.
3. Emberek esetében fontold meg, miért határolódsz el tőlük. Mások lényegesen másképp látják őket, mint te? Ott találod magad, hogy "magyarázod" a viselkedésüket, amikor mások aggodalmukat fejezik ki amiatt, hogy hogyan bánnak veled vagy másokkal?
4. Helyek esetében sorold fel az egyes helyeket, és írd le az adott helyen szerzett korábbi tapasztalatokat. Mi történt azon a helyen? Milyen érzéseket kelt benned ez a hely? Miért kerülöd az ott tartózkodást?
5. Dolgok esetében készíts listát azokról a dolgokról, amelyeket eltettél vagy elrejtettél. Ez lehet egy otthoni tárgy, egy ékszer, egy fénykép. Mi az első emlék erről a dologról? Mi történt, amikor először

jelen voltál ezzel a dologgal? Félsz megszabadulni ettől a dologtól? Miért?

6. A következő héten figyeld meg, mikor kerülsz a négy D-be. Tarts magadnál egy füzetet és jegyezz fel minden helyzetet. Hol vagy? Kivel vagy? Mit csinálsz? Mit érzel? Amennyiben engedsz ennek a gyakorlatnak egy dialógus fog kialakulni közted és a Tested között, és azon az úton leszel, hogy összhangba kerüljön a Tested, a Szellemed és a Lelked.

3

EZ NEKED MIÉRT JÓ?

A ketrec, az ítéletek, a négy D, ezek mind olyan megküzdési mechanizmusok (bár öntudatlanul), amelyek eltompítják a külvilágot. De a tompítás nem szelektív. Arra is szolgál, hogy eltompítja a tapasztalatot aki valójában vagy, egy ajándék a világnak.

Ennek középpontjában van a félelem, ami zsibbaszt: a félelem attól, hogy meglátnak, lelepleződsz, hogy megalkotod azt az ötletet, amit szeretnél. A félelmed arra késztet, hogy olyankor cselekedj, amikor éppen felfelé evezel, és mindezt azért, mert hiszel a hamis én hazugságaiban. Ez az, ami miatt olyan nehéz megteremteni azt a valóságot, amelyet valójában szeretnél. Ehhez magad mögött kell hagynod a félelmeidet és az önkorlátozásodat. A status quo -nak is vannak előnyei.

Egész eddigi életed ezeken a korlátokon alapult. Csak így ismered önmagadat, azt a keretet, amelyet egészséged, tested, pénzed és pénzügyi életed, munkád és kapcsolataid (vagy azok hiánya) felépítéséhez használtál.

Ez az el nem ismert és megoldatlan múltbeli forgatókönyvek miatt van, amikor úgy döntöttél, hogy olyan vagy, amilyen egyébként nem, de igazzá tetted magadról, és aztán azzá is váltál. Így irányítod az életed. Így vonzod be a kapcsolataidat. Így vonzod be a pénzt. Így vonzod be a vállalkozást. Így vonzod a testedet. És vonzod azt, ami „nem történik" az életedben a létezésnek abból a teréből. Emlékszel a PigPen-re Charles Schultz Peanuts rajzfilmjéből? Ő volt az a büdös, aki körül mindig egy kis porfelhő kavargott. Ugyanez az energia kering a hitrendszerek körül, és körülötted is, miközben vonzza azt is, amiről azt mondod, hogy nem akarod. Az energiameződ sokat mond és mennyire vagy tudatában ennek?

TUDATALATTI ELŐNYÖK

A legtöbb ember számára a gondolat, hogy ebből az egészből valami pozitívat hoznak ki, bármilyen furán is tűnik, általában kissé megdöbbentő. Ez a tagadás része. De nézzünk meg néhány lehetséges előnyt, amelyet a korlátok betartása eredményezhet. Ismerősnek tűnik ezek közül valamelyik?

1. Hatalom
2. Oltalom
3. Biztonság
4. Ellenőrzés
5. Egyedüllét (Magányosság) vagy teret adni magadnak, hogy halljad magad
6. Béke

7. Relaxáció
8. Szabadság
9. Figyelem
10. Szerelem
11. Bosszú
12. Tér
13. Lélegezni vagy levegőt venni
14. Leleményesnek lenni

Amikor elengeded a tudattalan meggyőződéseket és korlátaidat, energetikailag jobban összhangban leszel a vágyaiddal, és elkezded megtenni a megfelelő lépéseket. Kinyitod az ajtót a lehetőség előtt. Ám a legtöbb ember nem gondolja, hogy nem érdemlik meg, így még csak fel sem törik a ketrecet. Íme a kalapács erejű szavad – Szabadulj Ki – nem fogod megbánni!

Miért akarna bárki is félelmet generálni (Valósnak Látszó Hamis Bizonyíték)?

Csak egy oka van: korlátozni magát a lehetőségek világában, mert bizonyos szinten ezek a lehetőségek ismeretlenek és bizonytalanok. Tehát ahelyett, hogy szembenéznél velük és/vagy vélt következményeikkel, korlátozod magad, és egy helyben topogsz.

Amikor megkérdezem az emberektől: "Mitől félsz?" gyakran ilyen válaszokat adnak: „nincs pénzem", „elhagyom a családomat, és többé nem fognak szeretni", „nem tudom, hogyan, ezért inkább meg sem nézem". Néha azt mondják, hogy ez „túl sok kemény munkával jár". Vagy esetleg valami betegségük van. Nagyon sok oka van, és mindenkinek megvan a sajátja. "Ronda vagyok. Szégyellem magam. Hiba vagyok." Ezek az „okok", amiért nem aktívak az életük megteremtésében. Bár ezek valójában kifogások, az emberek gyakran elhiszik, hogy igazak, ahelyett, hogy egy másik valóságot teremtenének, azt a valóságot, amelyet valójában szeretnének. Ha ez rád vall, próbáld meg feltenni magadnak a következő kérdéseket:

Mi teszi az okot – vagy a „valótlanságot" – olyan létfontosságúvá, hogy szívesebben hiszel a hazugságban, minthogy megteremtsd az igazságot?

Milyen funkciót lát el, és kit szolgál (általában nem csak téged)?

Milyen hasznot húzol belőle, ha folytatod?

Mit tanulsz belőle?

Hogyan motivál?

Milyen jó dolgokat tanít?

Ma ez kiegészít?

Mit teszel, hogy változtass ezen?

Itt a kérdezésben rejlik a kulcs, majd figyelj a testedre, mert a valódi válaszok a testeden keresztül jönnek, nem a fejedből. Egyaránt hallod és érzed a választ, gyakran együtt jár a felszabadulás érzésével. Minden alkalommal, amikor elengedsz egy tudattalan meggyőződésed, jobban igazodsz a jelenlétedhez és az egyedi spirituális jegyedhez. Kockáztass és változtass, a Tested nem fog cserben hagyni.

A bevezető út az, hogy elkezdjük rázni azokat a ketrecrácsokat. Hadd hulljanak a könnyek. Az érzelem mozgásban lévő energia. A ketrec azt jelképezi, amit a testedben tartottál és, amit nem tudtál elengedni. Tudatosíthatod és ráhangolódhatsz annak a súlyosságára és sűrűségére, ami korábban láthatatlan volt számodra. Tegyél fel magadnak olyan kérdéseket, mint: „Ki lennék én a korlátaim nélkül, és hogyan fogok élni nélkülük?" Hagyd, hogy a tested válaszoljon, és sokkal nagyobb lehetőségeket biztosítson az életedben. Valahol csak el kell kezdeni.

Tedd fel magadnak a következő kérdéseket:

Írde le elképzeléseid ezekre a kérdésekre válaszolva. Te vagy a jövőd alkotója.

Milyen lenne az életed e korlátok nélkül?

Ki van ott veled?

Mit tartalmaz?

Mit érzékelsz?

Milyen érzés lenni a Testedben?

Ez a tolerancia – tenni, tenni, és tenni, mert többre van szükséged ahhoz, hogy ugyanazt az eredményt elérd. A pszichológiában ezt „állapotfüggő elméletnek" nevezik. Ez azt jelenti, hogy nem emlékezhetsz, nem változtathatsz vagy nem érheted el azt, amit szeretnél, hacsak nem éppen abban az állapotban vagy, amelyben a problémát létrehoztad, vagy meghoztad azt a döntést, amely mostanra oktalanná vált. Ezért az emberek úgy vannak vele, hadd igyak, hogy elérjem ezt a szórakozást, hadd vegyek be kábítószert, hogy elérjem ezt a tudatosságot, vagy had maradjak egy mérgező dinamikában, ezzel indokolva a leépülést és a hatalomvesztést. Egyszerűen megkérdezheted a tested, és kiválaszthatod, mi működik mindkettőtöknek.

A valóság az, hogy elérheted a kívánt tudatosságot. Levetkőzheted az összes hazugságot, amivel együtt éltél és kitörhetsz a ketrecből. Kezdd azzal, hogy célokat tűzöl ki arra vonatkozóan, hogy miben szeretnél változtatni. Te tudod magadról, hogy nyűgös típus vagy-e. Te tudod, hogy mindenkit hibáztatsz-e mindenért. Te tudod, hogy az anyagi helyzeted megváltozott-e vagy sem. Te tudod, hogy boldog szexuális életed van vagy sem. Te tudod, hogy boldog vagy-e a testedben vagy sem. Te tudod, hogy boldog vagy-e a vállalkozásoddal vagy sem. Te tudod. Igen, pontosan tudod, és ha gondolod is, hogy nem a Tested tudja. Csak figyelj oda.

Csak bátorság kell ahhoz, hogy szembenézz a múltaddal. Mi igaz ma? *Az emberek annyira félnek ettől, de a valóság az, hogy a jelenedben a múltadban élsz.* Nem is annyira félsz tőle hanem, ami még ijesztőbb, hogy bizonyos szinten hasznot húzol belőle. Igaz? *Ez az igazi ketreced.*

GYAKORLAT: A KETRECRÁCSOK MÖGÖTT

Képzeld el, hogy ebben a ketrecben állsz, és az ajtó be van csukva és zárva. Tizenkét rács veszi körül a ketrecet. Mindegyik rács egy olyan félelmet vagy korlátot képvisel, amelyhez ragaszkodsz, és amely megakadályozza, hogy teljes életet élj.

Vágj egy darab papírt tizenkét hosszú csíkra, és mindegyik csíkra írd fel a félelmet, az üzenetet, a korlátot – bármit, amit megengedsz, hogy az agyadban éljen és visszatartson. Az egyes csíkok hátulján sorolj fel egy vagy több feladatot, amellyel megszabadulhatsz a ketrecrácstóll. A gyakorlat végén érdemes felaprítani vagy elégetni a papírokat a ketrecből való kitörés jelképeként.

Na, megmered tenni? Mi vesztenivalód van?

4

A TEST BÖLCSESSÉGE

> *A test megismerése arról szól, hogy megtanuld, hogyan hall-*
> *gass a testedre, hogyan reagálj rá kedvesen, és hogyan építs*
> *vele kapcsolatot, hogy úgy érezd, uralod a rendszeredet, és*
> *olyan életet élhetsz, amit szeretnél.*
>
> — HOLLY BRIDGES

A tested egy navigációs rendszer, a GPS-hez hasonlóan. De bármennyire is elcsodálkozunk a technológia képességein, a saját testünk „technológiája" sokkal bonyolultabb, különösen, ha figyelembe vesszük, hogy (belső) intuíció nélkül a technológia (kint) nem létezne. Minden bizonnyal a világ legnagyszerűbb elméi közül néhányan elismerték, mint Albert Einstein, aki azt mondta: „A tudomány minden nagyszerű vívmánya az intuitív tudásból születik. Hiszek az intuícióban és az inspirációban..." és mint Steve Jobs: "Legyen bátorságod követni a szívedet és az intuíciódat. Ez a kettő már tudja igazából kivé akarsz válni. Minden más másodlagos."

INTUITÍV TUDATOSSÁG

Minél jobban kezd igazodni a tested energiája a jelenléthez, sokkal könnyebben hozzáférhetsz intuíciódhoz és a tudatossághoz a jövőre nézve. Önmagában ez is oka lehet annak, hogy sokan öntudatlanul a ketrecükben maradnak. Néha úgy tűnik, a tudatlanság boldogság és kevesebb felelősség. Egy ismert jövő ugyanolyan ijesztő lehet a be nem avatottak számára, mint egy ismeretlen. Ha hozzáférsz az intuíciódhoz, elkerülheted a bajt.

Maga az intuíció gyenge, ezért gyakran csak kis mértékben érzékelhető. Például előfordulhat, hogy reggel úgy érzed mintha a partnered mérges lenne rád, pedig nem az. A nap jól eltelik, aztán tizenkét órával később mégis bosszantod őt. Ez a fajta „előjel" sokkal jobban megkönnyítheti a kapcsolatot, mintha csak beleragadál a négy D körforgásába, és nem figyelnél vagy hallgatnál az intuíciódra.

Ez gyakran úgy történik, hogy az univerzum „segíthet" átvenni az üzenetet egy „kozmikus" koppintással – például leesel a lovadról és eltöröd a karod, miközben a partnerednek viszonya van, amiről nem igazán akarsz tudni (velem ez történt). Vagy reggel megvágod magad a késsel, miközben késel a számlák befizetésével. Természetesen sosem tűnik annak, hogy ezek az események egymáshoz kapcsolódnak, de figyeld meg, hogyan keltik fel a figyelmedet. Szerencsére ezek az élmények egyre ritkábban fordulnak elő, mert a) nincs rájuk szükség, és b) intuitív módon hamarabb megtudod. Most már csak az a kérdés, hogy odafigyelsz-e rá.

A testtel való egyezségben lenni nem egyenlő a „testmunkával". Annak ellenére, hogy éveken át különféle „testi munkám" volt – mind magamért, mind másoknak segítve –, csak az elmúlt években sikerült összhangba kerülnöm a testemmel. Most már rájöttem, hogy mindig szólt hozzám attól függetlenül, hogy hallgattam-e rá vagy sem. Manapság az a különbség, hogy nem csak továbbra is beszél hozzám, hanem én is beszélek vele minden egyes nap. Ez egy kétirányú kommunikáció.

Valaha olyan kényelmetlenül éreztem magam a testemben. Olyan érzés volt, mintha hangyák mászkálnának a bőröm alatt. Oly sok ember energiája és valósága terhelte a testem. Alacsony volt az önbecsülésem és hosszú listám volt arról, hogy mit gondolok magamról. Csak miután belenéztem magamba jöttem rá, hogy nem azzal volt a baj, mit eszek, hanem az, ami engem eszik belülről. Azt hittem, hogy a jó test vétek, hogy az élvezet szégyen, és hogy nőnek lenni egyenlő a bántalmazással. Ezzel a fajta gondolkodással tápláltam a testemet, amit nem tudott „megemészteni", és a végeredmény az volt, hogy már a táplálékot sem tudta megemészteni vagy lebontani. És amikor a szervezet nem tudja megemészteni az ételt, akkor felgyülemlik a gyulladás és súlygyarapodást okozhat.

Az én esetemben ez az elme és a test elválasztása volt, és csak akkor kezdett megváltozni, amikor elkezdtem érdeklődni és hallgatni a testemre. Mit akar ez a sajgás és fájdalom mondani? Kié ez a sajgás és fájdalom? Milyen döntést hoztam? És milyen következtetésre jutottam? Hogyan éltem az életemet és hogyan alakítottam életemet ezeknek a döntéseknek és következtetéseknek megfelelően? Hogyan formáltam a testemet ezeknek a döntéseknek és következtetéseknek megfelelően? Mert ha gonosznak, megviseltnek, rossznak, szörnyűnek, szégyenteljesnek, rettenetesnek vagy csúnyának gondolod magad, akkor a tested visszatükrözi ezeket a dolgokat a megjelenésben, alakban, formában és érzelmekben.

Ezért nevezem a megtestesült változásnak, a megtestesült lehetőségnek. Amint megváltoztatod a felfogásodat, a tested is úgy változik, hogy megfeleljen a felfogásodnak. De ez nem véletlenül történik. Elkötelezettségeddel és választásoddal engeded meg, hogy jó barát legyél önmagadnak, hogy kiterjeszkedés legyen az összehúzódással szemben. Olyankor a tested a barátod, egy jármű, amelyen éled az életed, aktívan együttműködve vele elvezet a legnagyobb vágyaidhoz, amitől a szíved énekelni kezd. Új kapcsolatod lesz önmagaddal. Jó érzéssel tölt el a magánéleted és a szakmaiság, és szupererő támogatásával vidáman, könnyedén és örömmel állsz neki az életed megteremtésében.

Ez az ígéret és a párbeszéd létrehozásának ereje, amivel megkezded a kommunikációt a testeddel, mert a probléma és az eredmény is benne van a kommunikációban, illetve történetben, amit magadnak mondasz el. Ha megváltoztatod a történetet, megváltoztatod az eredményt.

Amikor problémáktól zsong a fejed, olyankor nincs hely semmi egyéb,

új tényező számára, nem marad hely a megoldásnak. Ezért, amikor csak teheted, csinálj helyet, teremts némi teret...

— ECKHART TOLLE, A MOST HATALMA

Testünk képes változni, és csupán egyetlen választás elégséges ahhoz, hogy ezt a változást kiváltsuk, mégpedig az, hogy közösségben legyünk – beszélgetésben – a testünkkel. Nem kell „nagy" választásnak lennie.

AZ EGYFOKOS ELMOZDULÁS

Nyelvünk a valóságunk minden szálában és rostjában megtalálható. Azzal, hogy önmagunkban megváltoztatunk egy szót kibővítjük, összehúzzuk vagy megváltoztatjuk a Tudatunkat, tudatosságunkat és valóságunkat. Nemzedékek előttünk álló gondolatai és beszélgetései még mindig igazként és valóságosan visszhangoznak életünkben.

— ROBERT TENNYSON STEVENS

Ha hajlandó vagy csak egy érzést érezni, amit korábban nem éreztél életed egy adott helyzetében apáddal, anyáddal, főnököddel, házastársaddal vagy bárki mással –, az egy fokos elmozdulás. Ha hajlandó vagy szavakba önteni egy olyan dolgot, amiről tudod, hogy nem is tudtad, hogy tudod, akkor az egy fokos elmozdulás.

Amikor ügyfelekkel dolgozom, megkérdezem tőlük: „Mi most az egy fokos elmozdulásod? Mi a szándékod ha végeztél ezzel az üléssel?" Egy ponton számomra az egy fokos elmozdulás: „Bármi legyen, ma boldoggá fogom tenni magam. És mindenért hálás leszek." Akkoriban nem tudtam, hogyan legyek boldog vagy hálás bármiért, ezért úgy döntöttem, hogy ez az én egy fokos elmozdulásom. Nem számít, mi történik. Még ha szaros is, hálás voltam érte.

Az egy fokos elmozdulásom egy másik alkalommal a következő volt: „Bármi is lesz, minden nap ki fogok mozdulni és sétálok harminc percet. A telefonomon fogom időzíteni és semmit nem fogok intézni." A harminc percemből hamarosan óra lett, majd az órámból másfél óra. Aztán nem akartam visszamenni dolgozni, de amikor elmentem, ha vissza kellett mennem dolgozni, mindig jobb lett, mert volt helyem. Ezt teszi az egy fokos elmozdulás. Teret ad. Amikor a *Hiba vagyok, Szerethetetlen vagyok, Szégyellem magam, Senki vagyok, Csaló vagyok* meggyőződéseket eltávolítod a sejt szintű tudatosságodból a testedben, könnyebbnek és szabadabbnak érzed magad. Ez egy fokos elmozdulás.

Mi lenne számodra az egy fokos elmozdulás? Ez olyan egyszerű, mint szembesülni valamivel a múltadból (azt mondtam, *egyszerű*, nem *könnyű*). Vagy az is lehet, hogy felismered, mennyire elveszítetted az irányítást. Tedd ezt a világodba. Kimondhatod hangosan, vagy magadban is elsuttoghatod. Aztán írd le. Váltsd valóra.

Mi számomra az egy fokos elozdulás?

Íme egy ötletlista, amelyekkel egy fokos elmozdulásos energiával kezdheted a napot:

- Kötelezd el magad, hogy minden reggel leírsz egy arra a napra vonatkozó egy fokos elmozdulást.
- Tartsd magadnál az írásos dokumentumot, és olvasd fel naponta többször. (Az indexkártyák jól használhatók ehhez a gyakorlathoz).
- Továbbra is törekedj arra, hogy minden nap megéld ezt az egy fokos elmozdulást.
- *Ma az egy fokos elmozdulásom...*
- *A mai hála...*
- *A mai cselekvés...*
- *Az egy fokos elmozdulás számomra...*

A TEST MINT BARÁT

Ne feledd, Róma sem egy nap alatt épült fel, és a hitrendszered sem. Ha harminc éve van egy történeted, valószínűleg nem engeded el egy csapásra az egészet. Légy türelmes önmagadhoz és a munkádhoz. Egy dologra számíthatsz, hogy a tested megmondja az igazat, és utat mutat a zűrzavarban. Nemrég valaki megosztotta velem a következőket:

A tested a te meghitt barátod, a legjobb barátod, aki soha nem hazudott neked, és nem is fog. Vedd figyelembe ezeket a jellemzőket:

A Tested:

➤ *rendíthetetlenül elkötelezett irántad, és csak azért létezik, hogy támogasson a legmagasabb cél elérésében.*

➤ *soha nem fárad el, akárhogyan is bánsz vele.*

➤ *hihetetlen visszajelzést ad azáltal, hogy „kirajzolja" és tükrözi elmeállapotod, ítélkezés nélkül.*

➤ *minden parancsra reagál.*

➤ *a te projekted, alkotásod, ajándékod a világnak.*

➤ *soha nem vezet félre, egyetlen pillanatra sem.*

➤ *mindig oaadó és készenlétben áll.*

Az emberek gyakran nem akarnak befele fordulni, mert ha mégis, akkor emlékezni fognak a múltra, hisz a testük mindenre emlékszik. Az elméd az, ami nem emlékszik, sőt nem akar emlékezni. A tested ennek ellenére mindenre emlékszik. Egy nő, akivel dolgoztam egy műhelyben, annyira ragaszkodott ahhoz, hogy a fejében maradjon, akárhányszor kértem is a testét, hogy helyesen válaszoljon. Folyton azt mondta, hogy „kiterjedt", hogy ez az ő teste, de tudtam, hogy a fejéből válaszol. Végül megnyílt a testének. Nem szándékosan ellenállt, tudatalatti volt a cselekvése. Fájdalmas volt a testében lenni, mert megtestesítette azt a hiedelmet, hogy csúnya. Távol akart maradni attól, hogy sérüljön, és inkább a jövőben vagy a fejében akart lenni, mint a jelenben.

A valóság az, hogy bármennyire is ijesztőnek tűnik a félelmet az elméd generálja, és csak körülbelül tíz százalékát képviseli. Tehát egy ilyen élményben való eligazodás valójában azt jelenti, hogy erre a tíz százalékra – az elmédre összpontosítasz szívesebben, mint a kilencven százalékra, ami a tested.

Az érzés közelebb visz valódi lényedhez, mint a gondolkozás.

— ECKHART TOLLE

A tested egy ajándék. Ez egy lehetőség nem valami halott köpeny, amit magaddal hordasz. Ha megengeded szól hozzád. De először meg kell hallgatni, nem pedig arra, amit mások mondanak.

Mert ha a testedre koncentrálsz, a dolgok megváltoznak. Tedd fel magadnak a kérdést: *Mi az, amiről tudom, hogy nem változott pedig a testem szeretné megváltoztatni? Mi teremtene nagyobb könnyedséget vagy békét számomra?* És hallgass. Figyelj oda az energiáidra, nem csak a válaszra.

Visszatekintve azt tapasztaltam, hogy a szeretet, a tér és a jó érzés energiái megváltoztattak abban, ahogy az életet belülről kifelé és kívülről befelé tekintém, nem pedig az önpusztító gondolatok vagy az önszabotáló meggyőződések. Testünk érzékszervi kommunikációs szervezet – minden kifejezéssel valamit közöl. A kérdés az, hogy pontosan mit üzen neked a tested? Ezt egyrészt úgy veszed észre, hogy odafigyelsz hogyan *tágulsz vagy húzódsz össze*, amikor eszedbe jut egy gondolat. Tehát most kérdezd meg magadtól, *Testem, boldog vagy most? Mit érzel? Tágulást vagy összehúzódást?*

Igen vagy Nem

Tekints a testedre, mint egyfajta „érzéki meditációra". Arra használhatod a tested, hogy ráhangolódj a szükséges információkra, és lehet, hogy figyelmen kívül hagyod azért, hogy döntéseket hozz. Például van egy nemzetközi vállalkozásom, és egyeztetek a testemmel, hogy megtudjam, mely területekre érdemesebb fókuszálni. *Most Törökországra kell koncentrálnom, Hollandiára vagy Spanyolországra?* Továbbá ha valamilyen fájdalmat vagy feszültséget érzek, vagy konfliktusom van egy kapcsolatban, akkor ezeket a kérdéseket teszem fel a testemnek:

1. *Mi az, amiről nem voltam hajlandó tudomást venni?*
2. *Mit engedtem el?*
3. *Mire kell most figyelnem?*
4. *Hogyan számíthattam erre pedig mégsem figyeltem rá?*

A tested mint egy veleszületett vezérlőrendszer nem fog cserben hagyni. Kommunikálni fog veled és sajátos módon választ ad kérdésedire, „igen" vagy „nem" válaszokkal. A test nem szokott „talán"-t mondani. Általánosságban elmondható, hogy az „igen" kifejezés táguló érzést kelt, a „nem" pedig összehúzódó érzést érzékel a test bizonyos részein, vagy esetleg összességében. Mindenkinek fel kell fedeznie és ápolnia kell a saját egyedi „üzenetküldő" rendszerét. Tudd meg, mi az „igen" a testedben, mi a „nem". Általában érzel valamit, és ennek jelentősége lesz. Például feszültséget érezhetsz a gyomrodban. Lehet, hogy valamilyen szín társul hozzá. Vagy talán a fejedben vagy a szívedben érzed. Minél jobban összekapcsolódsz a testeddel és tudatosabban keze-led, annál inkább rájössz, hogy életed nagy részében össze-húzódott állapotban élsz. A nagy változás részeként felébredhetsz és elkezdhetsz a terjeszkedésben és a lehetősé-gekben élni.

Egyszerű kezdet:

Mondd ki hangosan a neved.

"A nevem…"

Figyeld meg, hol érzékeled ezt a tudást a testedben?

Ez az érzés a te „igened".

Most mondd: "Én egy béka vagyok."

Észreveszed, hol reagál a tested?

Ez a te „Nemed".

Játssz ezzel naponta.

Üdvözöllek a valódi navigációs rendszeredben, méghozzá a testedben!

Az életed nem véletlenül lesz jobb. Változással jobb lesz.

— *JIM ROHN*

Ahogy fejlődsz és változol, az „Igen" és „Nem" is változik. Néha azok az emberek, akiket bevonzol az életedbe, milyen ruhákat viselsz, vagy milyen tevékenységeket végzel. A dolgok, amelyekre most igent mondok, nagyon különböznek attól, mint amikor például alkoholt iszom. És amire most nemet mondok, az más, mert szinergia van azzal, ahová tartok. Eltérő vágyaim vannak mint amit egyébként megvalósítok. Korábban csak próbáltam eligazodni azon, ahogyan azonosítottam magam a világgal és az általam hordozott meggyőződésekkel, amelyek nem voltak összhangban a léleklenyomatommal.

Amikor elkülönülten és elszeparálva élsz a testedtől, minden elkülönül és töredezett. Így például, ha megpróbálsz létrehozni valamit a vállalkozásodban, az megvalósulhat, de nehéz lesz. Túl késő lesz, rohanva kell intézkedni vagy valami más. Amint összhangba kerülsz a lelked lenyomatával, különböző embereket fogsz vonzani, akiket korábban nem tudtál, mert belső állapotod összeomlott. Hajlamosak vagyunk olyan embereket bevonzani, akik a saját széttagoltságunk vagy szétesésünk szintjén vagy az alatt vannak. Az energiák megfelelnek a küzdelmeinknek, és ennek eredményeként pontosan ez jelenik meg.

ÉRZÉKENYSÉG A KÖRÜLÖTTED LÉVŐ VILÁG IRÁNT

Testünk rendkívül érzékeny a minket körülvevő világra, és mások energiáját is hordozzuk saját testünkön anélkül, hogy észrevennénk. Bármelyik pillanatban ráébredhetsz, amikor úgy döntesz, hogy megállsz és megfigyeled. Hányszor ébredtél fel nagyon fáradtan és rossz hangulatban, pedig előtte jól érezted magad és jól aludtál? Miért volt ez? Valamihez biztosan kapcsolódik. Miről van tudomásod? Ki jut eszedbe most, amikor rá gondolsz?

A műhelyeimben sok féle energetikai gyógyító technikát tanítok azért, hogy segítsek az embereknek megtisztítani és eloszlatni ezeket az energiákat, ami megkönnyebbülést ad nekik. Ennél is fontosabb, hogy megtanulják, hogyan tudatosítsák magukban az összefüggéseket. Egy személy migrénre, nyak- és hátfájásra ébredt. Az alábbi kérdések feltevésével tudtuk megérteni a helyzetet:

- *Kit ismersz?*
- *Ha a fájdalom beszélni tudna, mit mondana?*
- *Kinek a fájdalma vagy?*

Nem minden, amit tapasztalsz, gyökerezik egy múltbeli tapasztalatban. Minél többet dolgozol a múltad és annak a jelenedre gyakorolt hatásán, annál jobban magadba tudod szívni a világ energiáit. Az érzelmeid akár egy ismerősödhöz köthetőek, vagy úgy érezheted magad, mint egy gyermek, akit megbántottak Szaúd-Arábiában. Tesszük ezt azért, mert emberekként energetikai lények és molekuláris érzékszervi szervezetek vagyunk, amelyek mindenkivel és mindennel kapcsolatban állnak.

Egyek vagyunk kozmikus szinten. Ahelyett, hogy megkérdeznénk, miért van ez így, jobb, ha a következő kérdésre összpontosítunk: „Mit tehetek ezzel az energiával, most, hogy tudom, hogy nem az enyém?" Számos módja van az energia elengedésének. Visszaadhatod a földnek, küldheted a fénynek, küldhetsz neki szeretetet, térdelj le és imádkozhatsz, vagy egy zacskóba kiálthatod. A lényeg az, hogy megtanulj különbséget tenni aközött, hogy mi a tiéd és mi másé. Gyerekként azt hiszed, minden, amit gondolsz és érzel, a tiéd, amikor rendkívül érzékeny, összefüggő lényként nemcsak anyáddal, apáddal, testvéreiddel, nagynénéiddel és nagybátyáiddal, tanáraiddal van dolgod... és Isten tudja még kivel, bármilyen pillanatban.

Gyakorlat: (Javaslom naponta háromszor 21 napon keresztül elvégezni)

1. Írd le a saját testeddel kapcsolatos üzeneteidet. A cél az, hogy kiírd az üzeneteket a fejedből, és papíron elismerd őket. Ahhoz, hogy könnyebb legyen elvégezni a feladatot hasznos lehet végiggondolni, milyen negatív véleményt alkotsz magadról a fejedben. Írj le tíz meggyőződést vagy kifejezést magadról.

2. Gondolj a fizikai testedre. Szereted? Miért kritizálod? A súlyod miatt? A kinézeted miatt? Egy trend miatt? Írj tíz kritikát a testedről. Megjegyzés: a fentiekhez egyezőek/hasonlóak lehetnek.

3. Milyen „kényelmetlenségeket" tapasztalsz a testedben? Hajlamos vagy a betegségekre? Állandó fájdalmaid vannak? Gyakran tapasztalsz hasfájást? Előfordult már, hogy visszatartod a lélegzeted? Mikor és miért? Írj le tíz betegséget vagy kellemetlenséget a tested kapcsán.

4. Hunyd le a szemed.

5. Helyezd az egyik kezed a csecsemőmirigyre (szívközpont), a másik kezed pedig a szeméremcsontodra (alhas).

6. Engedd le az állkapcsod, miközben háromszor levegőt veszel a szádon keresztül.

7. Most ragadd meg az energiát a pszichés kezeiddel, és valós kezeiddel eldobhatod...

8. Dobd le a földre ötször.

9. Fel az égbe ötször.

10. Magad elé ötszor.

11. Most megint vegyél levegőt háromszor a szádon keresztül.

12. Terjeszkedve érintsd meg a szoba négy sarkát, kezeidet a csecsemőmirigyen és a szeméremcsontodon tartva érezve a lábad a padlón.

13. Terjeszkedj a város négy sarkára, ahol tartózkodsz.

14. Terjeszkedj az állapotod négy sarkába, amilyenben vagy.
15. Terjeszkedj az ország négy sarkára, ahol tartózkodsz.
16. Terjeszkedj a föld négy sarkáig, mintha négy sarka lenne a földnek.
17. Terjeszkedj az univerzum négy sarkára, ha van ilyen.
18. Észreveszed a különbséget? Mi az új?
19. Írd le és/vagy mondd ki a következőket, miközben a kezed továbbra is a csecsemőmirigyen és a szeméremcsonton tartod:
20. Megváltoztam!
21. Tudom, hogy megváltoztam!
22. Tudom, hogy megváltoztam, mert…

5

A MEGSZAKÍTÁS GYÓGYÍTÁSA

Csak akkor tudsz önmagadban és tested bölcsességében bízni, ha megengeded magadnak, hogy ne legyél mások univerzumában, és ne ítélkezz magadról a többiek szemével. Nem kell megindokolnod az értéked vagy érdemeid.

Sokáig úgy éreztem, el kell mondanom az embereknek, hogy miben veszek részt, vagy milyen minősítést kapok, és ez abból fakadt, hogy mi az, ami elfogad, mi adna előléptetést, mitől láthatom, hogy igazam van, hogy jó vagyok vagy jobb. Csak miután abbahagytam mások szemszögéből nézni a dolgokat akkor találtam meg önmagam. És ez nem egyik napról a másikra történt, hanem amikor a számítógép a testemmel kezdett beszélni.

Elkezdtem más módon feltárni és ápolni a kapcsolataimat, először a személyes kapcsolatokra összpontosítva, azokra, amelyek „odakint vannak". Aztán intenzíven néztem a „belső" kapcsolataimat: az én kapcsolatomat, az egészségemhez való viszonyomat, a vállalkozásom pénzhez való viszonyát, valamint a személyes pénzügyeimet és a pénzhez való viszonyomat. Elmerültem: *boldog vagyok?* Nem meglepő módon rájöttem, hogy nem vagyok boldog. És nem voltam elégedett azzal, amit alkotok, vagy azzal, ahogyan alkottam.

Ha boldogtalan vagy, de nem akarod bevallani, és mindent megtettél azért, hogy figyelmen kívül hagyd, tudhatod, hogy nem vagy egyedül. Az önelégültségnek megvannak a maga előnyei, legalábbis addig, amíg valami nem történik és meg nem rázza a ketrecünket. Jó példa erre a 2020-as év, amikor egy világméretű járvány volt, amely miatt az emberek bentlakásra kényszerültek. Otthon ragadtunk azokkal az emberekkel, akikkel együtt élünk. Ilyen körülmények között elég nehéz figyelmen kívül hagyni, hogy ők hogyan bánnak veled, és te hogyan viszonyulsz hozzájuk… vagy hogyan viszonyul hozzád a tested és fordítva… illetve milyen kapcsolatod van a barátaiddal, és valójában amúgy tényleg barátok-e? Hirtelen nem hagyhatod figyelmen kívül, mit látsz a bankszámládon és mit nem. Nem hagyhatod figyelmen kívül a rémálmokat és a rossz érzéseidet azzal, hogy lefoglalod magad, aktív vagy és kerülöd. Nem hagyhatod figyelmen kívül azt a frusztrációt, amit anyáddal vagy apáddal kapcsolatban érzel, vagy azt a fájdalmat és megsemmisülő érzést, mert már nincsenek itt, és hogy ez milyen hatással van az életedre.

De ha meg akarod változtatni az életed, nem támaszkodhatsz tovább ezekre, és nem tolerálhatod ezeket a múltbeli helyzeteket. Ez a mű arról szól, hogy „Nem szeretem az életem, és szeretnék változtatni rajta". Lehet, hogy szereted az életed egy részét, de kíméletlenül őszintének kell lenned, hogy szembenézz és másként hozd létre a valóságod bármely részét.

Válaszolj ezekre a kérdésekre:

- *Nevezd meg életednek azt a részét, amelyet nem szeretsz, és fogadd meg, hogy mindent megteszel, hogy ez megváltozzon!*
- *Nevezd meg viselkedésednek azt a részét, amelyet nem szeretsz, és fogadd meg, hogy bármit megteszel, hogy az megváltozzon!*
- *Hozd meg a döntésed most. Mondd ki hangosan.*
- *Azt választom, hogy...*
- *Most mi a teendőd a választásod követése érdekében? Nem számít, mi az. A legfontosabb az, hogy teszel valamit.*
- *Azt teszem, hogy...*
- *Nevezd meg, miért vagy most hálás...*
- *Hálás vagyok, mert...*
- *Hálás vagyok...*
- *Hálás vagyok a...*
- *Most figyelj a testedre...*
- *Mondd Szia...*
- *Öleld meg magad.*
- *Mondd, hogy "Szeretlek".*
- *Mondd: „Köszönöm, Testem".*
- *Most pedig légy nagyszerű.*
- *Továbbra is LÉGY önmagad!*

Amikor megtudtam, hogy allergiás vagyok az alkoholra, és úgy döntöttem, hogy abbahagyom az ivást, minden nap meg kellett tanulnom, hogyan éljek e mankó nélkül. Ezt a megoldást a napi 1° Shifts™ váltotta fel. Most lehetőség nyílt arra, hogy olyan dolgokat lássak, amelyek jobbak is lehetnek. Korábban egyszerűbb volt meginni egy italt, és nem látni belőle semmit. Nem hiányzott az alkohol, de az életemről sem akartam lemaradni, sem a felelősségről, az irányításról és a valóságom megteremtéséről. Ez a vágy vezetett arra, hogy olyan eszközöket és technikákat találjak vagy fejlesszek, amelyek elősegítették a ketrecből való kiszabadulást és a négy D ördögi köréből.

ESZKÖZÖK ÉS TECHNIKÁK, AMIVEL KISZABADULUNK A KETRECBŐL

1. A ROAR® TEHNIKA

A Roar® technika egy szomatikus technika a múltbeli trauma eltávolítására verbálisan, energetikailag és szomatikusan. Elpusztítja a korlátokat, azokat a tudattalan meggyőződéseket, amelyekről nem tudod, hogy velük élsz, és amelyek lebetegítenek. Ez egy olyan eszköz, amelyet életednek minden egyes napján használhatsz, és megszabadulhatsz a fájdalmaktól. Szeretek az öntisztító sütő analógiájával élni, hiszen nem kell másra várnod, hogy helyetted megtegye. Néha azt mondom az ügyfeleimnek, hogy csak lépjenek be a fürdőszobába, dolgozzanak a technikán, majd lépjenek ki és visszatérhetnek a munkába és ugyanazt meg is tarthatják. Néha meglepő módon végigcsinálják.

1. *A RoAR® Technika rövid verziója:*
2. *Mi a jelenlegi helyzet?*

3. *Mit hoz fel?*
4. *Mihez kapcsolódik?*
5. *Ó, Istenem, emellett döntöttem - ez a hitrendszer.*
6. *Most nem akarom ezt megtenni. Hogyan változtathatom meg?*
7. *Miért vagy ezért hálás?*
8. *Tedd meg a lépéseket – tedd meg az 1° Shift ™ -et.*

Minél többet dolgozol rajta, annál inkább internalizálódik a munka, hogy végül, amikor felmerül a fájdalom csak egyetlen kérdést kell feltenni, mint például: „Testem, mit próbálsz elmondani nekem?" Ilyenkor engedd ki az érzelmeidet a ketrecből. Ne feledd, hogy az érzelmek mozgásban vannak, tehát nincs szükség befékezni, elmerevedni vagy a négy D – be szökni (tagadás, védekezés, leválasztás, disszociáció) és az egész dolgot figyelmen kívül hagyni. Itt az a cél, hogy megtanuljuk, hogyan kell a jelenben maradni.

"Könnyű a jelenben maradni elméd őreként, ha közben mélyen gyökerezel a testedben. Bármi történjen is kívül, téged többé már semmi nem rengethet meg!"

— ECKHART TOLLE

---

2. A NÉGY E ÉS NÉGY C

Mint egy fióka, amely kilóg a fészekből és éppenhogy készen áll a felszállásra, néha meg kell találnunk a szárnyainkat, hogy megkönnyítsük a szabadságunk felé vezető utat. Ez a négy E (embracing, examining, embodying, és expanding) és a négy C (choosing, committing, collaborating with the universe, and creating) szerepe. Mint egy gyönyörű tánc, az első vezet, majd a másik segít kiszabadulni a négy D ciklusából (lásd a Második Fejezetet).

Először elmagyarázom mi a négy E mindegyike, amelyeket a négy C követ, majd példát mutatok arra, hogy ez hogyan működik, és hogyan segíthet kimozdulni a ketrecből és a teremtés szabadságába.

A Négy E

A felválallás arról szól, hogy elismered valaminek a jelenlétét és együttműködsz vele.

Nem számít, mi történik, hajlandó vagy szembenézni vele és érezni. Felvállalod ítélkezés nélkül. Ez az elfogadás egyik formája, annak ami történik, és ahogy most érzed magad. Ez szigorú őszinteség, nyitottság és hajlandóság az igazság megismerésére, és ezzel könnyedén élni. Személy szerint ez volt a legmélyebb, leggazdagabb és legkeményebb munka számomra. Szóval, megérte.

Nevezz meg egy dolgot, amelyet most nem vagy hajlandó FELVÁLLALNI.

A vizsgálat kérdések feltevése, és annak felfogása, hogy mi folyik, és mit fogsz tenni annak megváltoztatásához.

Ez annak felfedezése, amit a tested e pillanatban érez, elmerülés a vizsgálatba semmit sem kihagyva. Hajlandó vagy hallgatni és megkapni a választ.

Nevezz meg egy tudatosságot attól, amit most VIZSGÁLSZ.

. . .

A megtestesülés az, hogy belefoglaljuk, formát vagy látható kifejezést adjunk valaminek.

Ez arról szól, hogy belefoglalod a saját igazságod és összehangolódsz a testeddel. Itt lehetőséget kapsz, hogy önmagad légy, ami nem pusztán remény vagy álom. Ez egy új valóság megnyitása, és elkezdesz beköltözni. Jobban érzed magad, könnyebbé és kevésbé leterheltté.

Nevezd meg azt, amit most MEGTESTESÍTESZ.

A bővülés a választásról szól - az a választás, hogy elfoglald a helyed, hogy teljes mértékben élj és legyél.

Már nem vagy a ketrecben. Ahogy a térben bővül az energiád úgy adod meg a testednek azt, ami a megkönnyebbüléshez szükséges. Ahelyett, hogy visszakuporodnál a ketrecedbe, bővülsz és egy szabadon élő lényként kikéred a helyed. Tudomásul veszed, hogy létezel, és hogy kiválaszthatod a radikális életet. Ez az egyfokú váltás újra és újra olyan életet teremt, amelyet mindig is valóságként ismertél, nem csak mint egy kívánatos gondolat vagy fantázia.

Állítsd be, hogyan érzed, hogy most BŐVÜLSZ.

A Négy C

A választás azt jelenti, hogy valahányszor a számodra igaz könnyedségből választasz, engedélyt adsz magadnak, hogy elismerd, mit választasz, ahelyett, hogy az univerzumban más emberek vagy más tényezők döntéseket kényszerítsenek a testedre és az életedre. A választás megköveteli, hogy elismerd, mit akarsz megnevezni és elmondani, hogy valójában mi a választásod. A választáshoz bátorság kell, mivel felismered saját vágyaidat, még akkor is, ha azok ütköznek a körülötted lévő többiek elképzeléseihez. A választás azt jelenti, hogy szereted magad.

Az elköteleződés azt jelenti, hogy állást foglalsz a tetteid mellett. Azt mondod: „Ez az, amit megkövetelek magamtól. Ezt nem fogom tovább tolerálni." Úgy kötelezed el magad, hogy tudatában vagy annak, amit itt csinálsz. Utána nem számít mi történik, fel kell vállalni. Az elköteleződés a választásodat követi. Élénkíti lényedet, testedet és aktualizálja a létezést.

Együttműködéskor az univerzum azt mondja: „Húúú! Most lesz dolgunk. Neked fogjuk adni." Az együttműködés az önmagaddal való együttlétről is szól. Megváltoztatod a negatív beszélgetést, és folyamatosan arra ösztönzöd magad, hogy cselekedj és haladj a választásod felé. Olyan embereket vagy helyzeteket is keresel, amelyek támogató módon támogatják választásodat és elkötelezettségedet, és körülveszed magad energiával és olyan személyekkel, akik úgy gondolják, hogy megérdemled a választást. Az együttműködés azt is jelentheti, hogy tudatosan kerülöd az együttműködést azokkal az emberekkel, akik nem támogatják a döntéseid, és megpróbálnak az elkötelezettségeid és tetteid útjába állni. Eltávolodsz ezektől az emberektől, vagy megtanulod, hogyan ismerd fel, hogy szavaik gyakran hamisak.

A létrehozás azt jelenti radikálisan élni. A létrehozás az a kiterjedt és élénkítő állapot, amikor a döntéseid előremozdításának folyamatában vagy. Elkötelezett vagy és egy támogató együttműködési hálózatot hoztál létre. Most már élvezed azokat a lépéseket, amelyek valósággá teszik a döntéseidet az életedben. Mivel az első három C-n dolgoztál, van helyed a lényedben a feladatok megoldására, és az energiád az elkészítésre, nem pedig az elkerülésre összpontosul. Ez az 1° Shift™ működés közben, meglepően örömteli és erőt ad.

A négy E és négy C kerete arra hivatott, hogy eljuss arra a pontra, hogy az eddigi élet- és alkotási helyeken túl válassz, a radikális elevenséget válaszd magadnak, és ezt abszolút lehetőségként ismerd meg. Ez már nem csak remény. Érzed a testedben. Miért? Mert úgy döntöttél, hogy beszélsz, őszinte leszel, és elkötelezed magad a meghallgatás mellett, hogy ne zárd magadba a haragodat és érzelmeidet. Hagyod, hogy az univerzum együttműködjön és megáldjon téged. Áttértél a tudatos alkotásba. Ez egy új pozitív, építő és felfelé ívelő ciklus, amelyben szeretnél lenni, nem úgy mint a négy D pusztító ciklusában. Úgy lépsz ki a ketrecből, hogy radikális elevenséget választasz – és itt akarsz maradni. Az elevenség a léleklenyomat energiája annak, aki te vagy.

Napi Praktikák

A tested felismeri, amikor törődsz vele, és ezt úgy teszed, hogy időt szánsz magadra, és először magadnak adsz. A legtöbben felkelünk, megiszunk egy csésze kávét, zuhanyozunk, és kirohanunk az ajtón, hogy törődjünk a világgal. A napot a stresszel kezdjük. A tested igazán értékelni fogja, ha úgy tekintesz rá mintha a barátod lenne. Ennek egyik módja a napi 1° Shift™.

TEREMTŐ ÁLLOMÁS

A meditáció jót tesz, ezt a tudomány is bebizonyította. Mégis nem mindenkinél működik, ha csukott szemmel ül és lélegzik egy bizonyos ideig. Szerencsére számos módja van a meditációnak. Csupán a neked valót kell megtalálnod. Van egy reggeli rutinom, amit „teremtő állomásomnak" hívok. Ugyanazt teszi, mint a meditáció más formái: olyan teret nyit bennem, amelyben hallom, ahogy a testem beszél hozzám, így tudatosan választhatom ki, mi jó nekem és a testemnek minden nap.

Legtöbbünket soha nem tanították meg a választásra. Úgy nőttünk fel, hogy azt csináljuk, vagy arra reagálunk, amit édesanyánk, édesapánk vagy tanáraink szerettek vagy akartak tőlünk, függetlenül attól, hogy ez nekünk tetszett vagy akartuk-e. Vannak, hozzám hasonló emberek, akiknek a túlzottan törődő szüleik megtervezték az életüket – melyik iskolába járjanak, milyen diplomát szerezzenek. Nem jut eszünkbe, hogy számunkra is megvan a lehetőség, hogy minden nap alkothassunk.

Mielőtt leülnék a teremtő helyemre először gyertyát gyújtok. Mindig három dologra összpontosítok – a testemre, a vállalkozásomra és valami személyesre. Amikor például egy közelmúltbeli műtétre készültem, átnéztem az egyik „angyali" imakönyvemet, és kiírtam őket, hogy megkönnyítsem a testi gyógyulást. Vagy valami egyszerűt is vállalhatok:

Történjen bármi, ma hálás leszek.

Történjen bármi, ma sebezhető leszek.

Történjen bármi, minden alkalommal amikor csalódott vagyok mély levegőt veszek.

Van egy másik gyakorlatom is, amikor úgy érzem, hogy a túl sok cukor fogyasztása miatt elveszítem a kontrollt, hogy jobban érezzem magam a testemben. A csecsemőmirigyemre és a szeméremcsontomra helyezem a kezem, lehunyom a szemem, és mély levegőt veszek. Aztán megkérdezem: "Lisa, mi hiányzik?" vagy „Mit hiányolsz?" A válasz általában az, hogy valamit elveszítettem, hiányolok vagy hiányzik. Ezzel elhárul a sóvárgás. A hála aktiválva.

Egyéb tevékenységek lehetnek:

1. Napi elmélkedések olvasása
2. Angyal vagy energiakártya kiválasztása
3. Napló írás
4. Kérdések feltevése:

Testem, mit szeretnél [ma viselni, csinálni, enni, miben szeretnél résztvenni]?

Mitől énekelne ma a szivem?

Ha ezt választom, mi fog létrejönni?

Ez létrehozza azt az életet, amit szeretnék?

Miért vállalkozok?

Mit szeretnék kiválasztani és ki szeretnék ma lenni?

A legfontosabb azonban, hogy ne hagyd abba a kérdezést.

A kíváncsiságnak megvan a maga oka a létezésnek.

— *ALBERT EINSTEIN*

Bármit is választok, vagy bármit kérek, mindig a kedvenc mondatommal zárom: "Nem tudom, hogyan... Tudom, hogy így lesz." Mindenre használom. Ha szükségem van egy új emberre a vállalkozásomban, vagy ha három új ügyfelet vagy több pénzt szeretnék, hozzáteszem: „Ez teljesen könnyen történik. Univerzum, mutasd meg. Hálás vagyok és elégedett. Így is van." És mindig bekövetkezik.

Létrehozhatod a saját 1° Shift™ gyakorlatot a jólét vagy a radikális elevenség érdekében. Olyan egyszerű lehet, mint ülni az erkélyen és élvezni a napot. Az a lényeg, hogy legyen egy saját gyakorlatod, ami működik, és hagyod, hogy változzon, ahogyan te is változol. Ez egy napi gyakorlat – a testedhez való igazodás, és hogy megvalósítsd mindazt, amire az adott napon összpontosítani szeretnél, vagy létrehozni a jövőben. Hajlamosak vagyunk felejteni, így az ismétlés és a cselekvés emlékezetessé teszi a négy C-t – Choosing, Committing, Collaborating, Creating (választás, elköteleződés, együttműködés, alkotás). Minden reggel először magamat választom. Minden reggel elkötelezem magam, és az univerzum együttműködik velem, megteremti nekem és én teszem ezt magamért. Ezután készen állok a munkára a nap hátralévő részében. Soha nem vagyok áldozat, mindig teremtő és tudatos alkotó vagyok elképesztő változásommal.

2. AZ UNIVERZUM DOBOZ

Nem kell mindent egyedül „csinálnunk", és ez a gyakorlat erre emlékeztet bennünket. Ez legalább elkerülheti a túlgondolkodás vagy túltervezés módot. Csodák történnek, és igen, néha elég, ha kérünk. Miért nem hagyod, hogy az univerzum együttműködjön veled?

Ehhez az 1° Shift™-hez írd le, hogy mit szeretnél létrehozni vagy mire vágysz, majd tedd a papírt az Univerzum Dobozba. Úgy gondolok rá, mint egy fortyogó üstre. Tudod, hogy rotyog és csak időnként kell megkeverni. A vágyamnak energiát adok mert tudom, hogy bennem van, csak nem olvasom el és nem figyelek rá minden nap. Nem tudom, mikor jelenik meg, de tudom, hogy egyszer fog.

3. MÁS EMBEREK ENERGIÁINAK FELSZABADÍTÁSA

Ülj le csendben öt-tíz percre és tedd fel a következő kérdéseket:

Milyen meggyőződéseket vagyok kész elhagyni?

Milyen ítéletek születtek a testemről?

Milyen személyiség lettem, ami nem az én igazságom?

Ezután kérj bocsánatot a testedtől, amiért felvállaltad mások energiáját, és nem hallgattál rá. Levelet is írhatsz a testednek, majd elégetheted, vagy felolvashatod egy barátodnak, aki nem ítél el érte. Vagy sétálj egyet az erdőben, és üvölts, hogy többé nem fogod hagyni, hogy mások átvegyék a tested feletti uralmat. Engedd el olyan módon, ahogy neked jó. Kezdd ott, ahol most vagy, még ma. Csukd be a hátsó ajtót, csapj az asztalra, és mondd: „Nem. Nemet fogok mondani."

4. TALÁLD MEG A HÁLÁT

Szeretem a hálaváltásokat. A kedvencem az, ha elmondasz valakinek – partnerednek, barátodnak, akár ismerősnek – három olyan dolgot, amiért hálás vagy. Csodálatos módja annak, hogy lezárd a napod, különösen a házastársaddal vagy partnereddel összeköthet benneteket egymással és a nagy világgal.

Egy másik rituálé, hogy elismerjük és hálásak legyünk a korábbi döntéseinkért, amelyek szorongást okoztak legbelül, most pedig megszabadultunk. Ezt azzal kezdem, hogy mély levegőt veszek, és köszönetet mondok a testemnek, lehetővé téve, hogy ráébredjek, amiért hálás vagyok. Mivel a minta, tragédia, trauma, szabotázs, korlátozás vagy fájdalom mögött mindig van ajándék, közvetlenül is megkérdezheted a tested:

Mi ebben a legjobb rész?

Mi ebben az ajándék?

Mitől olyan értékes?

Mit ad ez nekem?

Mire tanít?

Mit tanulok?

Ezután ismerd el, hogy megtörtént, és másként választottál. Köszönd meg a testednek a tudatosságot, és köszönd az embereknek és a játékosoknak, hogy részt vettek ebben a leckében. Neked már nem kell többé résztvenned a leckében. Tiszteld a tapasztalataidat. Légy hálás, változtass egy fokkal, és lépj tovább.

5. HA A TESTED BESZÉLNI TUDNA NAPLÓÍRÁS

A naplóírás java részében minden rólad szól. De ebben a rituáléban a testedről van szó, tehát hagyd, hogy a tested beszéljen. Mit mondana a tested? Ezt szeretnéd megtudni. Ha a tested szemszögéből írsz, ahelyett, hogy azt írnád, hogy „utálom a testemet", írd azt, hogy: „A testem ezt utálja [töltsd ki az üres részt]". Kezdésként hasznosnak találom, ha a következőt írod: „Ha a testem beszélni tudna, azt mondaná...", majd hagyd, hogy a tollad irányítson.

Ha a testem beszélni tudna, azt mondaná...

Dühös vagyok rád, amiért megtömtél étellel.

Dühös vagyok rád, amiért nem adtál elég vizet.

Dühös vagyok rád, amiért azzal a személlyel szexelsz, aki szörnyen bánik veled.

Dühös vagyok rád, amiért ebben a kapcsolatban maradtál, amikor elmondtam, hogy nem érzem jól magam ennek a személynek a közelében.

6. ENERGIA MOZGATÁS

Azt tapasztalom, hogy amikor rossz a hangulatom, és kétségek kavarognak az elmémben, nehezebbnek, dagadtnak és puffadtnak érzem magam. Ha van egy ötletem, és nem terjesztem elő, felpuffad a testem. Viszont ha csinálok vele valamit, karcsúbbnak és kevésbé dagadtnak tűnik a testem. A zsír az ellenünk felhasznált energia. Elraktározza a korlátainkat, és létrehozza a test sűrűségét és nehézségét, ami elménket a testünk ellen fordítja. Tehát, bár szinte minden rituálé, amely azt kérdezi, hogy mi történik, átmozgatja az energiádat, néha a testednek gyakorlatra van szüksége méghozzá fizikai mozgásra. Ez bármi lehet a gyalogos meditációtól a jógáig vagy az erőnövelésig. A hangsúly itt annak felismerésén van, hogy akárhogyan is mozgatod az energiát, belülről vagy kívülről, a jelenbe való belépésnek megvan az az ereje, hogy mélyreható változást idézzen elő. Mellékes előny, hogy a testsúlyod is gyakran változik.

Ahogy haladsz a tested tudatában, számíts arra, hogy a dolgok megváltoznak. Számíts arra, amin változtatni szeretnél. Számíts arra, hogy megváltozik, amit eszel. Számíts arra, hogy megváltozik az amibe belevágsz. Várd ki, hogy minden megváltozzon. Mert ez a lényeg. Te változol. Tehát döntsd el, hogy elengeded és változol, és hagyod, hogy a tested megváltozzon.

Gyakorlatok

Ennek a fejezetnek az egyik célja, hogy olyan gyakorlatokat kínáljon, amelyeket beillesztheted a saját életedbe és saját testedbe. Íme néhány javaslat a „gyakorlatokra":

1. Valósítsd meg a saját Creation Station™ gyakorlatod. Ez egy napi alkalom arra, hogy inspiráló kártyákat vagy könyvrészleteket olvass, majd naplót írj róluk, hogy kitisztuljon az elméd és újra összpontosíts a gondolkodásodra.

2. Állítsd be a saját Univerzum Dobozodat. Nevezd el ahogyan szeretnéd. Úgy díszítheted ahogyan számodra vonzó. Hozz létre kis kártyákat, és dobd be őket, ahogy elképzeled azokat a dolgokat, amelyeket meg szeretnél valósítani az életedben. Ez lehet egy új karrier, egy kapcsolat indítása, harag elengedése egy személy iránt, stb. Az Univerzum Doboz a te csatornád, amelyen keresztül megoszthatod kérdéseid az univerzummal.

3. Határozd meg azokat az érzéseket, amelyek azt jelzik, hogy más emberek problémáit vagy negatív energiáit veszed fel. Tanuld meg felismerni ezeket az érzéseket, és hozz létre egy folyamatot, amellyel megszabadulhatsz tőlük. Ha a tested megfeszül, és véletlenszerű fájdalmak jelennek meg, a gyakorlat során vonulj el egy csendes helyre, hunyd le a szemed, és ismételj egy kijelentést vagy mantrát, hogy emlékeztesd magad arra, hogy nem kell vállalnod a problémáikat. Építs a rituálédba mély

levegő vételt és nyújtást. Az erős kilégzés során
képzeld el, hogy a negatív energia távozik a testedből.

4. Fogadd el a napi hálát. Az egyhetes, kétoldalas naptár
   nagyszerű módja annak, hogy minden nap leírj
   legalább három olyan dolgot, amiért hálás vagy. A
   naptár használatával minden nap nyomon
   követheted ennek a folyamatnak a befejezését,
   valamint hasznosnak találhatod, ha visszaolvasod.

5. Írd le a naplóba a következőt: „Ha a testem beszélni
   tudna, azt mondaná…" Ez a fajta naplóírás segít
   abban, hogy újra kapcsolatba kerülj azzal, amit a
   tested érez, ahelyett, hogy figyelmen kívül hagynád
   azokat az üzeneteket, amelyeket küldeni próbál
   neked.

6. Végezz fizikai gyakorlatokat az energia
   felszabadítására. Ez lehet egy séta a szabadban, tánc a
   nappaliban vagy egy párna ütése. Minden nap
   engedd meg magadnak, hogy elengeded a testedben
   felhalmozódó negativitást.

7. Mondd ki ezt a három állítást hangosan naponta
   többször:

8. "Szuper munka! Remek munka, Testem!"

9. "Mindketten csodálatosak vagytok!

10. "Most pedig mindketten, LÉGY NAGYSZERŰ!"

6

A GYÓGYULÁS KULCSA

Minden TESTnek más a térképe, és azzal, hogy meghitt kapcsolatba kerülünk azzal, amit saját testünk kér, szabadjára engedjük belső orvosunkat. A táplálás ezen a szintjén keresztül történik mindennapi életünk során a sejtek regenerációja.

— *GAY HENDRICKS*

Ernest Holmes, az Új Gondolat író és a Vallástudományi mozgalom megalapítója, a klasszikus "Az elme tudománya" művében azt írta, hogy „a gyógyulás alapvető definíciója az „ápolás". Elmondása szerint „Amíg bármely sejt él, ami azt jelenti, hogy amíg az ember él, a test sejtjei reagálnak az ápolásra." Egészen egyszerű felfogás, de valahogy mégis olyan társadalommá váltunk, amely távol tartja magától a „gyógyítás" szót. Ha azonban jobban megértenénk, mit jelent az „ápolás", és magunkon alkalmaznánk, sokkal közelebb kerülnénk a gyógyulás igazságához.

Az asztalom mellett van egy növény. Ez az egyetlen növény, amit valaha is sikerült életben tartanom. Az első évben amikor a névtelen alkoholisták gyűlésein vettem részt, azt mondták, hogy szerezzünk növényeket, és nézzük meg, életben tudjuk-e tartani őket, majd aztán szerezzünk be egy kiskutyát, végül pedig egy kapcsolatot. Látod a trendet? Miért? Mert megtanulod, hogyan lehetsz önmagaddal. Most először tanulod meg, hogyan legyél önmagaddal megoldás, drog, alkohol, bármi más nélkül. Kezdd el azzal, hogy szerzel egy növényt. Gondoskodni kell róla. Meg kell öntözni, metszeni és elvágni az elhalt leveleket. Amikor alkoholt, kábítószert vagy bármi mást használsz, hogy elnyomd az érzéseidet, akkor nem figyelsz semmire. Egy egészen másik világban vagy, önközpontúvá válsz és előjön a nárcisztikus éned, egyik krízisből a másikba léspz és folyamatosan oltod a tüzet.

A növényem gondozása során megtudtam, hogy egyes tudományos kutatások szerint, ha beszélünk a növényekkel, tovább élnek. Arra gondoltam, miért nem beszélek a testemmel? Szóval elkezdtem vele beszélgetni. Ha otthon voltam, kikapcsoltam a zenét, és csak magammal voltam, vagy munkába menet az autóban úgy tettem, mintha a testem a mellettem lévő ülésen ülne, és megkérdeztem: „Hogy vagy?" Hatásos volt. Ez az egyszerű, de közvetlen kérdezősködés kezdte feltörni a világom szilárdságát, amely nem baráti feltételek mellett szakított el a testemtől.

MEGBARÁTKOZÁS ÖNMAGADDAL

A változás megtestesülése valójában annak az energiája, hogy szereted magad, jó barát vagy önmagadnak, eltávolítod magadtól az olyan pszichikai energetikai valóságot, amely ezt mondja: „Ha ezzel rendelkezel [bizonyítvány, képzés, pénz, teljesítmény, elismerés, vagy ehhez a csoporthoz tartozol, töltsd ki az üres részt], akkor az azt jelenti, hogy jó vagy és megbecsülnek." Nem számít, milyen változtatásokat hajtasz végre, ha még mindig ugyanaz a program fut a háttérben, nem becsülöd magad, és nem hiszed el, hogy megérdemled és érdemes lennél bármire. Amíg ezek a programok nem változnak, te vagy a méltatlanságod energiája, akár tudod, akár nem. Ez olyan, mintha egy fizikai struktúra lenne a testedben, amit úgy hívnak, hogy „nem érdemlem meg". Pontosan ez tükröződik minden kapcsolatodban. Semmi nem fogja megváltoztatni ezt az alapvető valóságot – senki sem mondhat vagy tehet valamit, nincs az a mennyiségű tanulás, képzés vagy oklevél, illetve pénz, ha te nem változtatsz ezen a hozzáállásodon.

Előbb vagy utóbb eléred azt a pontot, amikor bizonyos mértékig tiszteletben kell tartanod és figyelembe kell venned magad. Az, ahogyan magadra tekintesz, meghatározza azt, ahogyan szembeszállsz a világgal, és az hogyan reagál rád. Sok spirituális szövegben arra emlékeztetnek, hogy úgy szeresd felebarátodat, mint magadat. Szóval mennyire szereted azt, aki vagy? Emlékszem, amikor Johnnie unokatestvérem, aki három évvel korábban választotta a józanságot, mint én, azt mondta nekem (képzelj el egy mély New Jersey-i, Tony Soprano hangot): „Lisa, bármit is csinálsz, csak légy jó barát önmagadnak. Ennyi." Nem is tudtam, hogy ez mit jelent. Fogalmam sem volt, hogyan, ezért azzal kezdtem, hogy egyszerűen felteszem magamnak a következő kérdéseket mindenről, amit csinálok:

1. *Így néz ki, amikor jó barátja vagyok önmagamnak?*
2. *Ha ezt eszem, jó barátja leszek önmagamnak?*
3. *Ha nem járok edzőterembe, jó barátja leszek önmagamnak?*

4. *Ha ezzel a személlyel lógok, jó barátja leszek önmagamnak?*

5. *Ha randevúzok ezzel a személlyel, jó barátja leszek önmagamnak?*

6. *Ha beszerzek egy kiskutyát, jó barátja leszek önmagamnak?*

7. *Ha beszerzek egy növényt, jó barátja leszek önmagamnak?*

8. *Tényleg ezt akarom folytatni? Így jó barátja leszek önmagamnak?*

Olyan könnyen gondoljuk, ó, *ez tetszik.* Ó, *és ez tetszik.* De megkérdezni magadtól, hogy szereted-e magad? Ez nehezebb. Nem tudtam hogyan hozzáfogni. A saját értékem meghatározása mások véleményétől függ. Ha néha-néha így megkérdőjelezed magad, segíthet magad elé tárni és tisztábban látni. Olyan szemszögből nézheted, amit értékelsz. Ha fontosnak tartod, hogyan kedveld magad, még akkor is, ha soha nem szeretted magad, új döntést hozhatsz, és tudd, hogy ez megváltoztatja a dolgokat.

Kezdetben érdemes folyamatosan kérdéseket feltenni mindenről, amit éppen csinálsz vagy fontolgatsz, még a leghétköznapibb szinten is. Én például nem főzök. Egyszerűen nem érzem magam otthonosan a konyhában és nem szoktam készíteni magamnak ételt. Szeretem, ha a főzést szerető emberek előre elkészítik nekem azokat az ételeket, amiket a testem szeret, így azok a hűtőben rám várnak. Nem akarok mást tenni, mint felmelegíteni. Régen nem figyeltem oda, és azt ettem, ami éppen elérhető volt. Nem törődtem magammal annyira, hogy megadjam a testemnek azt, amire szüksége volt, hogy támogasson és fenntartson. Az étkezést a véletlenre bíztam, és hamarosan azon kaptam magam, hogy gyorsételeket eszem, és nem követtem nyomon semmit.

Amint elkezdesz sikereket elérni, rá fogsz jönni mit szeretnél. Rájössz, milyen az amikor jó barátja vagy magadnak, és milyen amikor nem. Még a közelmúltban volt egy személyi asszisztensem/személyi szakácsom, aki nagyon szórakoztató volt, de ivott is ezért hajlamos volt elfelejteni dolgokat. Amikor elfelejtett dolgokat, irracionálissá vált. Arra gondoltam, *ismerem ezt a viselkedést. Tudtam, miből fakad. Nagyon szeretem ezt az embert. Nagyon jól érezzük magunkat együtt, és imádom az ételeit.* Így hát még egy darabig foglalkoztattam, mígnem igazán elviselhetetlenné vált számomra. Rájöttem, hogy nem vagyok jó barátja önmagamnak.

Változtattam és elküldtem. Utána szívesen visszahoztam volna *"egy-két hónapra, amíg találok valakit"*. *De olyankor feltenném a kérdést: "Jó barátja vagy önmagadnak?" Érezném az energiát a testemben, ami olyan érzés volt, mint "a pokolba is, ne menj vissza." A kérdés a testemben lévő tudatosságra költözött, és a testem ismertette velem, mit tegyek. Természetesen az elmém vitatkozott: „Istenem, hiányzik", mire azt mondtam: „Jól néz ki, de nem, tudod jól, mi lesz a vége, tudod, hogy lesz." Ne tedd meg, hanem lépd meg az 1° Shift™-et! Nem tudom, hogyan... Univerzum, mutasd meg!*

Amikor Szeretni Kezdtem Magam
Amikor szeretni kezdtem magam, rájöttem, hogy a kín és az érzelmi szenvedés csak arra figyelmeztetnek, hogy saját igazam ellenére élek.
Ma már ezt úgy ismerem: HITELESSÉG.
Amikor szeretni kezdtem magam, rájöttem mennyire meg tud bántani valakit, ha a saját vágyaimat próbálom ráerőltetni erre a személyre, noha tudom, hogy sem az idő nem alkalmas erre, sem a személy nem áll készen rá, még akkor sem, ha ez a személy én magam vagyok.
Ma ezt úgy hívom: TISZTELET.

*Amikor szeretni kezdtem magam, abbahagytam egy másfajta élet
után sóvárogni és végre megláttam, hogy minden, ami körülvesz,
arra hív engem, hogy növekedjek.
Ma ezt úgy hívom: ÉRETTSÉG.
Amikor szeretni kezdtem magam, megértettem, hogy minden
körülmények között jó helyen- és időben vagyok, és minden épp a
megfelelő pillanatban történik. Hogy nyugodt lehessek.
Ma ezt úgy hívom MAGABIZTOSSÁG.
Amikor szeretni kezdtem magam, már nem raboltam a saját
időmet és nem tervezgettem hatalmas feladatokat a jövőben. Ma,
amit teszek, az örömet és boldogságot okoz; olyan dolgok ezek,
amiket szeretek és amik felvillanyozzák a szívemet. Ezt a magam
módján és a saját ritmusomban teszem.
Ma ezt úgy hívom: EGYSZERŰSÉG.*

*Amikor szeretni kezdtem magam, megszabadítottam magam
mindentől, ami nem jó az egészségemnek – étel, ember, dolog,
helyzet, vagy bármi, ami lehúzott és magamtól eltávolított.
Először ezt a hozzáállásomat egészséges egoizmusnak hívtam.
Ma már tudom, hogy ez: ÉN-SZERETET.
Amikor szeretni kezdtem magam, már nem akartam, hogy mindig
nekem legyen igazam és innen kezdve egyre kevesebbszer
tévedtem.
Mára felfedeztem, ez a: SZERÉNYSÉG.
Amikor szeretni kezdtem magam, abbahagytam a múltban élni és a
jövőért aggódni. Most már csak a pillanatnak élek, ahol minden
történik. Ma minden nap élek, napról napra,
és úgy hívom: BETELJESÜLÉS.
Amikor szeretni kezdtem magam, észrevettem, hogy az elmém meg
tud zavarni és beteggé is tehet. De amint összekötöttem a
szívemmel, az elmém értékes szövetségessé vált.
Ma ezt a kapcsolódást úgy nevezem: A SZÍV BÖLCSESSÉGE.
Nem kell többé félnünk az érvektől, a szembesítésektől, vagy más
problémáktól önmagunkkal, vagy másokkal kapcsolatban. Hisz*

még a csillagok is összeütköznek és az ütközéseikből új világok születnek.
Ma már tudom: EZ AZ ÉLET!
(Ezt a verset Charlie Chaplinnek tulajdonítotják.)

Alapvetően fontos megérteni, hogy az önmagunkhoz való legmélyebb visszatérés az önmagunkkal és másokkal való kapcsolatunk gyógyulása útján jön létre. Ehhez ki kell fejlesztened a megkülönböztetés képességet, hogy később meghatározd, „mi az enyém" és „mi az övék" – mi számodra a belső és mi külső. Sokáig tartott, míg feloldottam a kapcsolatomat az anyámmal, és visszanyertem magamnak ezt a részét. Gyerekkoromból csak a verésre és a verbális támadásokra emlékszem. Valamint a gyűlöletre, ami a mesterséges szerelem.

De a gyerekek arra mennek, amire szükségük van. A túlélésem azon alapult, ami anyám szeretete volt - „szegény Lisa", mindent rosszul csinált, és kirúgták az osztályból. Azt adtam neki, amire szüksége volt, hogy felhívja magára a figyelmet, és a figyelem, amit kaptam, egy pofon, egy ütés, egy verés volt. Ennyit tudott adni nekem. Ilyen körülmények között is nagyon okos gyerek voltam. Akkoriban így kellett csinálnom.

Az önmagam iránti együttérzés a legerősebb gyógyító mind közül.

— *THEODORE ISAAC RUBIN*

Az önmagunk iránti együttérzés az önszeretet egyik formája. Nem számít, min változtatsz, vagy mennyi tippel, trükkel vagy készséggel – az én esetemben pszichológiai készséggel – rendelkezel, az nem jelenti azt, hogy szereted magad. Mégis, a nap végén ez a fontos. Ha a háttérben az a program fut, hogy nem szereted vagy nem becsülöd meg magad, akkor az élet egy véget nem érő küzdelemnek fog tűnni. Felveszed ezt az energiát és nem is veszed észre. Ezt a fizikai szerkezet veszi fel a tested.

Amikor felteszed magadnak a kérdést: „Ha ezt teszem, jó barátja leszek magamnak?" először erőfeszítést igényel, hogy emlékezz, mert erre nincs precedens az agyadban. Vagy kényelmetlenül vagy kínosan érezheted magad. De végül megszokod és sikereket érsz el. Megtanulod mit akarsz és milyen az, amikor jó barát vagy. A kérdés beépül, és a tudatosság felé halad a testedben. Nem is kell kérdezned vagy gondolkodnod rajta. Ez az új ötlet az életed részévé válik.

Például, miközben ezen dolgoztam, hatalmas súlytól szabadultam meg anélkül, hogy fogyókúráztam vagy próbálkoztam volna. Már nem kívántam azokat az ételeket, amelyek nem voltak jók számomra. Edzeni akartam. A tested irányítani fog, és elmondja, hogy megváltozott. Azzá fogsz válni. Az elején nehéz, mert azt tanulod meg, amit soha nem tanultál, és aminek nem voltál tudatában. De ha egyszer ráébredsz arra, hogy mi jó neked, hogyan lehetsz jó barát, aki boldoggá tesz, és magadat teszed előtérbe, akkor elkezded felépíteni azt az erőt magadban, aminek segítségével megbízhatsz magadban.

Amikor abban a felismerésben élsz, hogy az önszeretet valódi természeted középpontjában áll, soha nem leszel magányos… és soha többé nem leszel egyedül.

GYAKORLAT

1. Kezdd a reggelt azzal, hogy felteszed magadnak a kérdést: „Mit teszek ma, hogy jó barátja legyek magamnak?"
2. Amikor döntésekkel szembesülsz, vagy bizonytalanságot érzékelsz a döntéshozatal során, tedd fel magadnak a kérdést: „Ha ezt teszem, jó barátja leszek magamnak?
3. Amikor magadhoz beszélsz, tedd fel magadnak a kérdést: „Így beszélnék egy barátommal, aki a segítségemre szorul? "

7

ÚJRAKAPCSOLÓDÁS ÉS
TELJESSÉG

*"A „belsőtest-tudatosság művészete" idővel teljesen új életvite-
leddé válik majd, a Léttel való folyamatos összekapcsoló-
dottság állapotává, és életedhez egy új, addig soha nem ismert
mélységet ad majd hozzá!"*

— ECKHART TOLLE

Képzeld el, hogy egy rugóval ébredsz a lépteidben, boldog
vagy, hogy élsz, és készen állsz az előtted álló lehetőségekre.
A napod elejétől a végéig tele vagy vágyaidnak megfelelő
lehetőségekkel. Ezekkel a vágyakkal minden lehetséges, mert
megtestesíted a lehetőséget. Generatív és kreatív mágnes
vagy. Az emberek szeretnek a közeledben lenni. Saját
lényeddel megváltoztatod a körülötted lévő energiát.
Kapcsolataid a közösségen és a harmónián alapulnak. Szóra-
koztatóak, *könnyedek,* örömteliek és kölcsönösek. A tested
egészséges és élénk. Energikus vagy. Különleges ragyogás

övez. Vállalkozásod virágzik, munkatársaid pedig jókedvűek és mindenben résztvesznek. Az élet egy örömteli kaland. Nevetés és könnyedség árasztja el a tested. Bámulatos, amikor ilyen szövetséget érzel önmagaddal. Az emberek megkérdezik, mit tettél, hogy változtass, te pedig azt válaszolod, hogy: „Magamat választottam. Elköteleztem magam. Együttműködtem az univerzummal, és hagytam, hogy válaszoljon, illetve létrehoztam azt, amiről tudtam, hogy lehetséges."

Ez bemutatja azt az életet, amely arra vár, hogy kiválaszd. Minden viszontagságod és fájdalmad, tragédiád és traumád, minden szenvedésed valójában egy lehetőség arra, hogy kapcsolatba léphess azzal a tudattal, aki vagy. Amikor felfedezed a valóságodat és elengeded a mögöttes hiedelmeket, amelyek ezt a valóságot alátámasztják, egy teljesen új világ tárul eléd, új utakkal bármi felé, amire vágysz. Amire soha nem volt megoldás, hirtelen végtelen megoldása lesz. Ami mindig is gyötört, az elmúlt. Ez nem azt jelenti, hogy nem jön vissza, de nem fog ugyanolyan mértékben. A testeddel együtt döntesz úgy, hogy változtass, és teljes mértékben elkötelezed magad az 1° Shifts™ mellett.

Bármi is kerget az őrületbe a jelenben az egy múltbeli döntésedre vezethető vissza. Csak te fordíthatod meg. Te vagy a kulcsa annak feloldásához, hogy továbbléphess az életedben, elevenen élve azzal a rugóval a lépésedben. Ez azzal kezdődik, hogy belépsz a testedbe és a tudatosságodba. Amikor kiszabadítod magad a tudattalan én ketrecéből, a tudattalan hiedelmek alól, a betegség elhagyja a testedet. A tested összes sejtje meggyógyul. A mélyreható változások szó szerint megváltoztathatják a tested szerkezetileg, még a csontjaidat is – mert minden gondolatod, amit önmagadról gondoltál, ami a sejtes vázszerkezeted köré fonódott, elszáll. A gondolataid alkotják a tested.

Megtestesült változás vagy. A tested egy ajándék, amely a határtalan élet lehetőségét kínálja. Minden egyes nap változhatsz a testeddel együtt, és csupán egy választásra van szükség ahhoz, hogy kiváltsd ezt a változást, egy 1° Shift™-re – hogy egységeben legyél és beszélgess a testeddel. Itt az ideje, hogy elismerd lényed ragyogását, egyedi spirituális lelked lenyomatát, és kérd meg a tested, hogy teremtse meg és párosítsa össze ennek ragyogásával és szépségével.

Az emberi szellemnek nincsenek határai. A nagyság egyetlen határa az, ha nemet mondasz magadnak.

— JAMES LAWRENCE, AZ "IRON COWBOY"

A szabadság a meggyőződéseid függvénye. Abban a pillanatban, amikor felfedezed melyek azok a hiedelmek, amelyek visszatartanak, egy pillanat alatt szabad leszel. Bár az igazság eléréséhez választani kell, elköteleződni, együttműködni és alkotni. Az elején nem kell tudni hogyan. *Én nem tudom, hogyan... Tudom, hogy lesz.* Bízz abban, hogy idővel kiderül. Az elengedésben rejlik a szabadság, megtestesült szórakozás és kaland.

Amint megbízol magadban, tudni fogod, hogyan kell élni.

— GOETHE

Néha a legnehezebb dolog elfogadni az örömöt. Elfogadni, hogy minden jó. Elfogadni a sikereket. Nem elfogadni a problémákat. Elfogadni a saját lelked lenyomatának szépségét. Nem számít, mennyit dolgozol, meg kell tanulnod úgy élni, ahogy te vagy. Nincsenek mankók, csak a nyers és valódi éned. Furcsa érzés lehet. Meztelennek érezheted magad. De te is jól fogod érezni magad. Valamennyi barátod kedvelni fog, míg mások nem. Egyes emberek elhagyhatnak, és ezzel jobban jársz. Minél jobban azonosulsz a lelked lenyomatával, a világod ezt visszatükrözi. Eleinte különállónak éljük meg magunkat, és különállónak látjuk a testünket, de valójában mindennel kapcsolatban állunk és ezt a test viszi tovább. Ahogy elengedjük ítéleteinket, minden kezd megváltozni. Elkezdjük tisztán látni a dolgokat, és tisztán cselekedni, másként vonzani, másként hinni.

Nem kell feltétlen jelenlétet kreálnunk, mert az már ott van, mint a nap, elfoglalt elménk felhői mögött, és bár úszunk a tiszta tudatosság tengerében, tudatában kell lennünk elfoglalt elménknek, amely folyamatosan reménykedik szigetről szigetre, gondolatról gondolatra, átugrálva ezen a tudatosságon, amely annak alapja, anélkül, hogy ott megpihenne.

— DR. JOHN WELWOOD

A lényed soha nem törhető meg. A lélek lenyomata és a radikális elevenség mindannyiunk lényében rejlik, de ehhez szükséges, hogy összehangoljuk energiánkat és tudatunkat. Elismerjük a lehetőséget, ugyanakkor megértjük, hogy nem változunk könnyen, és nem is szabad. Ez a munka képes kiteljesedést nyújtani és energiával feltölteni, hogy kreatívabb legyél, mint még sosem voltál. Amikor megtalálod a fonalat ami összeköti a jelent a múlttal és megváltoztatod azt, miközben a folyamat során megszabadulsz a régóta fennálló tudattalan hiedelmek zsarnokságától, akkor megkapod magad a jelenben és megtestesülsz. Tested minden energiarészecskéje felszabadadul. Ez a radikális elevenség, a problémától a lehetőségig.

Ez a te megtestesült változásod. Százak, ezrek, milliók és milliárdok felhalmozódása, és több mint 1° Shifts™ minden nap. Ez teremti meg az életedet, testedet, belül és kívül, megegyezően és radikálisan elevenen. A tested most könnyedén vezeti a tudásodat.

Most gyakorold ezt: (minél többet csinálod, annál nagyobb lesz a tested jelenléte)

Hunyd le a szemed

Tedd a kezed a csecsemőmirigyre és a szeméremcsontodra

Lélegezz a szádon keresztül, érezd a lábaidat a padlón, hátad a székben, és a kezeid a testeden

Terjeszkedve érintsd meg a szoba négy sarkát, ahol éppen tartózkodsz, és érzékeld a lábad a padlón.

Terjeszkedve érintsd meg a város négy sarkát, ahol tartózkodsz.

Terjeszkedve érintsd meg az állam négy sarkát, ahol tartózkodsz.

Terjeszkedve érintsd meg az ország négy sarkát, ahol tartózkodsz.

Terjeszkedve érintsd meg a föld négy sarkát, mintha négy sarka lenne.

Terjeszkedve érintsd meg a négy sarkot, ha lenne bárhol az univerzumban...

Nézz vissza a testedre

Kérj meg három molekulát, hogy jöjjenek elő, és változtassák meg ezeknek a molekuláknak a polaritását arra, amivé te a könyv elolvasása után megváltoztál. Tele van energiával. Engedd el.

Most kérj meg három további molekulát, hogy jöjjenek elő, és engedjék el a „terhet" annak, aminek tudatában voltál. Tele van energiával. Engedd el.

Most kérj meg három további molekulát, hogy változtassák meg a polaritást, és hassanak ki a molekulákra úgy, hogy létrehozzák a benned zajló megtestesült változást. Tele van energiával. Engedd meg.

Ismételd meg, ahányszor a tested úgy kívánja.

Mondd ki hangosan:

"Megváltoztam!"

"Tudom, hogy megváltoztam!"

"Tudom, hogy megváltoztam, mert a TESTEM a megtestesült változás."

"Köszönöm Testem."

"Köszönöm Univerzum."

"Köszönöm magamnak."

"SZABAD vagyok."

Ha ma még senki nem mondta a testednek, hogy szeretik, imádják, ápolják, dédelgetik, tisztelik és becsülik, akkor ez *most* így van! Meg lett mondva!

Ha ma még senki sem mondta, hogy szeret, én igen!

Nem tudom, hogyan... Tudom, hogy lesz.

Hálás vagyok és elégedett, és így jó!

LÉGY nagyszerű!

KÖSZÖNETNYILVÁNÍTÁS

"Szerelmem, az a szeretet, amit nap mint nap megosztasz és adsz, mindent lehetővé tesz. A szerelmem irántad örökké tart! Testeink a szeretet, az imádat, a gondoskodás, a megbecsülés, a tisztelet és az elismerés szimfóniáját táncolják. Az a szeretet, amit tőled kaptam, szavakkal leírhatatlan, és kapcsolatunk dimenziókon, életeken és valóságokon ível át. Hatalmas megtiszteltetés számomra, hogy veled lehetek ezen az úton. Te, a gyerekek és a család a legdrágább kincseim vagytok, és annyi örömmel és boldogsággal töltesz el, hogy része lehetek mindennek. A te szereteted és őszinte jóságod felébresztette az igazi szívemet, elmém, lelkem és testem. Minden nap hálás vagyok, hogy Isten hozzám irányított téged, és hogy igent mondtam. Életem legjobb döntése volt."

A SZERZŐRŐL

Dr. Lisa Cooney, PhD, LMFT, úttörő a személyes átalakulás és a traumagyógyítás terén. Kiemelkedik a lélekterápiában, a life coachingban és a spirituális átalakulásban. A forradalmian új Live Your ROAR® módszer megalkotójaként több ezer ember életét változtatta meg, segítve őket a gyermekkori traumák leküzdésében és a „Radical Orgasmic Reality" (ROAR®) felkarolásában. Dr. Lisa filozófiája a "Értem!...Mindegy!" valamint az önrendelkezés, a növekedés iránti elkötelezettség, az univerzummal való együttműködés és az álomélet megteremtésének elvei.